天下文化
Believe in Reading

唐鳳的

破框思考力

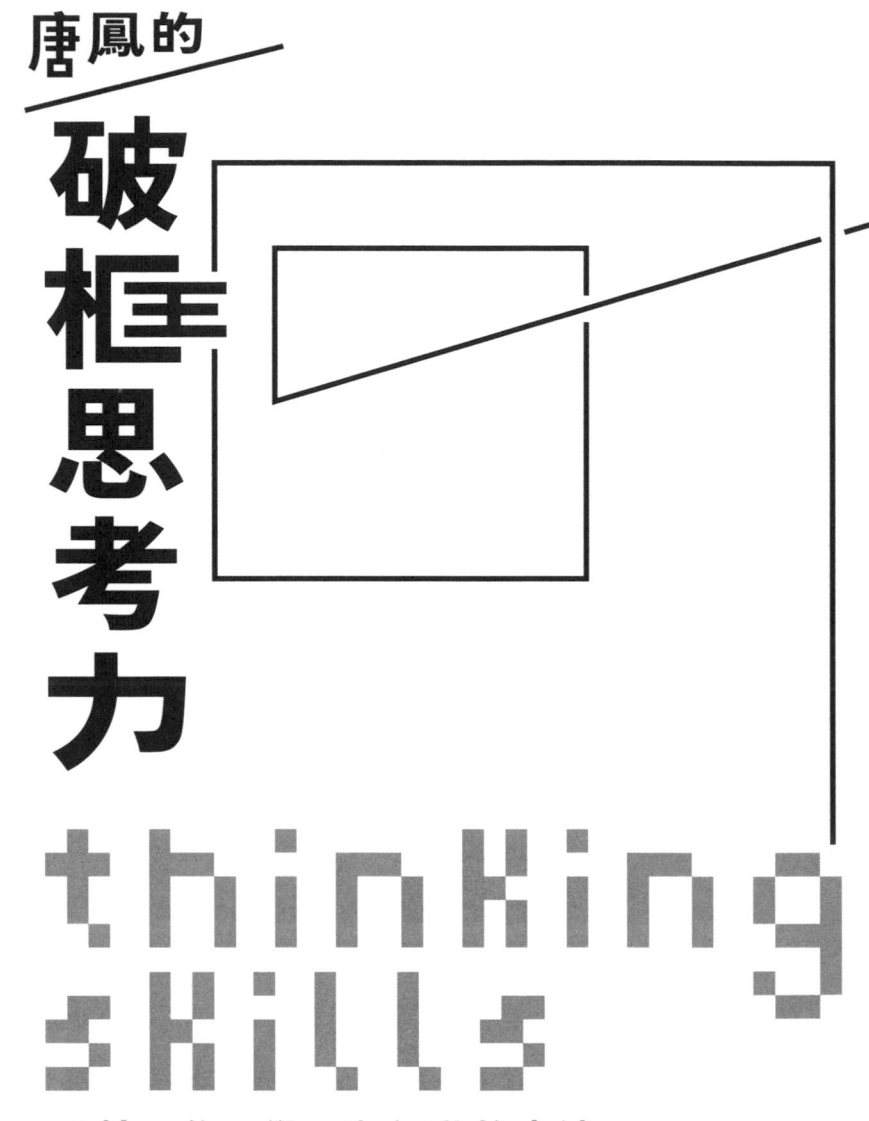

thinking skills

關於工作、學習與行動的方法

「我成年以後就沒有做任何事是把別人比下去，
所以那個智商 160，並不是要把別人比下去用的。」

—— 唐鳳

Part 1
我這樣思考——共好、共創、共享

Part 1

我這樣思考——
　　　共好、共創、共享

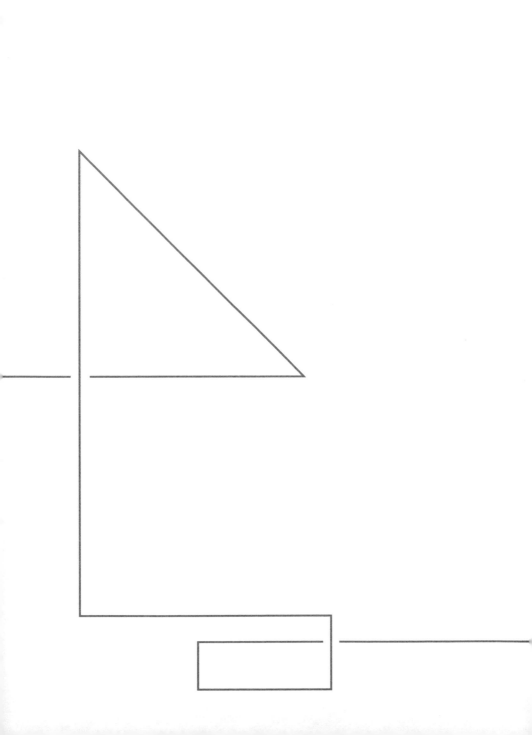

Chapter 1

建構多元的知識系統：
我自學，但我很少在家

我們所面對的世界，不斷有新的情況誕生，這些新的情況是傳統知識體系裡所沒有、也無法因應處理的，更沒有標準答案，只能透過討論，而每個人都像是一塊拼圖。在眾多學問中，唐鳳是如何建構自己的知識系統？

自學路上，讓自己不孤單最重要

一九九〇年代初期，來自美國、目前已經歸化為中華民國國籍的藍亭（Timothy Joseph Lane）在政大哲學系教授邏輯學及心靈哲學相關課程時，對班上一位前來旁聽的少年唐鳳（編注：唐鳳原名唐宗漢，24歲時改名為唐鳳，並宣告跨性別，為避免混淆，24歲以前，以「他」稱呼，24歲以後，以「她」稱呼）印象深刻。

而現在在臺北醫學大學擔任心智意識與腦科學研究所教授的藍亭回憶當時這位年僅十六歲的少年，跟其他大學生坐在教室裡一起旁聽他的課程，卻一點都沒有青少年的羞澀。當時唐鳳雖曾進入國中就讀，但學校教育

已經無法滿足他的需求，而教育部那時也尚未開放自學申請。國二時，幸而碰到一位開明的校長，讓唐鳳除了學校考試日必須到校出席外，其他時間皆可不必到校，唐鳳因此得以靠自學方式，一步步建構自己的知識體系。

當時因為地利之便，他經常到政治大學旁聽許多關於哲學方面的課程，在這裡，他遇到影響他後來在科學倫理思考上很重要的人，這位教授就是藍亭。在藍亭的印象裡，唐鳳那時非常主動，下課後經常會主動找他聊天，請教他關於哲學與邏輯方面的問題。有時，甚至會看到唐鳳在政大圖書館前，悠遊自在地吹著笛子。

他還記得，有一次下課時，唐鳳問他，是否可以推薦一些比較批判性的哲學書籍給他，藍亭於是推薦了一本由當代著名科學哲學家保羅・費耶阿本德（Paul Feyerabend）所寫的《反對方法》（*Against Method*）。費耶阿本德在這本書中反對一元思維，鼓勵多元交流，他的口號是「everything goes」（任何事都可以），也就是在科學領域裡，沒有任何東西是百分之百確定的，今天確定的事情，過了五年、十年後很可能就會被推翻，

不應該被任何前人所設下的理性方法所規範。雖然藍亭不見得完全認同費耶阿本德的觀點，但卻認為是一本很重要的哲學書籍。

當時唐鳳只是一個少年，然而藍亭從來沒有把他當成小孩，始終以成人對待，在知識的交流上，也從不以「教導」的方式出發，而是透過不斷的討論與辯證，激發他的學習之心。

「我們什麼都談，也看了很多書，」藍亭表示每次跟唐鳳聊完天，那一天回家時心情都很好。這是因為唐鳳求知的態度，讓他想起自己年少時，也不愛讀學校的教科書，父母也不要求他一定要去學校，所以他在閱讀上，從來不設限，無論是文科或理科的知識，全都融合一起閱讀。

至於，為什麼《反對方法》這本書，對唐鳳影響很大？十四歲的他，已經決定不繼續升學，即使國一、國二還得定期到校考試，但基本上他已經完全脫離教育體制，走上自學之路。早慧的他，雖然從小被視為天才兒

童，在脫離教育體制之後，也不是一開始就很清楚自己要走的方向。唐鳳以過來人的經驗強調，自學之後，「不孤單，才是最重要的。」**很多人對自學的迷思是在家讀書，但事實上，選擇自學的學生，更需要參加社群或是其他活動，才不會有孤軍奮戰的感覺。**

　　為了尋找自己的人生座標，唐鳳開始到大學去旁聽各類課程，從哲學思想、網際網路，開展他在思想上的視野。他從八、九歲就參加哲學教室，很早就開始哲學思考的訓練，但少年時期，藍亭教授給他的影響很大，尤其是《反對方法》這本書，唐鳳表示，這本書在科學哲學上，其實是安那其主義（Anarchism），也就是主張怎樣都行，反對單一的科學哲學，只要在科學領域裡，自己能自圓其說就好，不一定要用什麼體系或是系統，也因為是反對系統，所以才叫做《反對方法》。

　　那時，唐鳳一邊讀藍亭推薦的《反對方法》，同時也去聆聽其他課程，包括張鼎國老師講授德國哲學家高達美（Hans-Georg Gadamer）的《真理與方法》（*Wahrheit und Methode*）。

　　唐鳳回憶，《真理與方法》談的是比較宏偉的思想體系，與《反對方法》完全相反。書中所闡述的概念是，就算作者不在了，我們看他的文字，還是可以慢慢趨近於當時他的視野，也就是視野是可以融合的。在這部西方著名的哲學經典中，高達美強調，我們所看到的東西，跟我們想辦法設身處地去想對方也看到什麼東西，兩者最後會慢慢融合在一起，這種過程稱之為「視域融合」（fusion of horizons）。但《反對方法》比較是主張我們未必要趨近什麼想法，反正有用就是有用。

　　不過，唐鳳表示，從費耶阿本德的《反對方法》到高達美的《真理與方法》，都反對由上而下的系統方法，而是強調在社群裡，每個人都各行其事，但是透過溝通、不斷互相討論，以及互圓其說，建構起一種群體關係。

　　這些哲學概念的啟發，給予青少年時期的唐鳳很大的滋養，對一個當時成長於單一標準答案教育體制的少年而言，深刻領悟到這個世界上沒有誰才是標準答案，「任何人都可以製作自己的標準答案」。

這也讓他理解了一件事，那就是「不把一件事想通的擔子放在個人身上」，在碰到未來任何新的挑戰時，也就不會覺得自己正在承擔這個重擔，非得靠自己個人之力來解決不可。其實，這個想法也呼應後來的網路社群關係，碰到問題時，大家一起腦力激盪，一起承擔，強調共創與共好，成功不必在我，而是集眾人之力找出解決之道。

從線性教育的枷鎖中走出來

為什麼對於自學者來說，「不把一件事想通的擔子放在個人身上」這樣的領悟很重要？

當台灣自學人數逐年成長，二〇一九年甚至已經達到八千多位自學生時，做為台灣最知名、也是最早開啟自學之路的唐鳳認為，自學者一開始要克服的是孤單的感覺。尋找人生座標時，如果沒有找一個社群來彼此支持的話，在思考上，即使如他，也很難方方面面都照顧到，因為會受限於個人經驗，也會限制思考的深度，加

入社群的好處是，不會讓自己有一種孤臣孽子的感覺。

以他自己而言，十四歲離開教育體制後，他除了到大學旁聽外，也固定在紫藤廬茶館與一群程式寫作愛好者聚會，並在線上加入全球研究網路程式語言的 Perl 社群。這個全球社群不只讓他能夠跨越國界，認識來自全世界各地的程式語言高手，更重要的是，有了這種共同創作的社群，讓他每天醒來都抱持著一種開心的感覺，因為每天都可以貢獻一點自己的能力在上面，就算今天想不出如何解決問題，社群上也有其他人在想。如果別人想出來了，他又再去思考還可以貢獻什麼，等於是在這個社群上，大家不斷嫁接自己的貢獻上去，讓結果更好。

「從另一個角度來看，就是把英雄的想像拆解掉，不會有特定領域的貢獻一定要有卓越才能的個人才可以做到。」唐鳳說，這種用共創取代競爭的思考，讓他徹底從線性教育的枷鎖中走出來。

國小二年級念資優班，總是拿班上第一名的唐鳳，

曾經因為不想讓其他同學抄襲，拿著寫好的考卷，被同學在後面追著跑，最後甚至被重踢昏倒。當時的他對分數是在意的，在升上國二時，他對成績的想法已經完全翻轉，不僅考試交白卷，也不再爭名次。因為他所就讀的實驗班，同學不需要參加聯考，必須以平日段考成績做為保送高中的依據，所以他刻意用交白卷的方式，避免因為拿到太高的分數，占了名額，影響到同學申請想要去念的高中。

從國小二年級到國中二年級，六年的時間，唐鳳換過六所小學，甚至曾經到德國念書一年，接受西方教育洗禮的他，對分數的想法已經完全改變。傳統的線性教育，有如工廠流水線的作業方式，必須在規定的時間內，循序完成指定的學習，並不適合他，即使他在九歲那一年，隨父母到德國去念一年小學，甚至因為表現優異，被老師推薦去

這個世界上沒有誰才是標準答案，任何人都可以製作自己的標準答案。

念名校，他都拒絕，因為他認為，在線性教育的體制裡，沒有適合他的跑道。

唐鳳說，**沒有了第一名、第二名的名次壓力後，才可以找到自己的方向。因為第一名、第二名的分數，都是別人幫他打的，等於是走在別人給的方向上。**所以他在北政國中自學期間，無論是他研究的題目，例如網路上為何大家會快速信任的研究，或是他參加科展所選定的科學題目，這些題目不僅高中不會考，甚至大學也不會考，完全是出於他個人興趣，自發性的探究。

唐鳳開始自學之後，除了大量接觸哲學思想之外，一九九〇年代，正是網際網路以及全球資訊網風起雲湧的時候，海量的知識從線下到線上，潮水般湧來，令人眼花撩亂。他說，網路世界可貴的地方在於，無論你是用真名，還是匿名，都可以在這個世界的任一個角落，找到與自己志同道合的人。這種志同道合的感覺，對於自學者而言，若是關心某件事，甚至想為這件事成立一個組織或是社群，網路都提供一個很好的空間，讓想法可以實現。

　　不過，對於自學者來說，除了要克服不孤單的感覺，尋找志同道合的社群外，如何在海量資訊中建構自己的知識體系，也非常重要。曾經在二〇二〇年與唐鳳進行線上思想交流、針對工作與科技的未來各自提出獨到見解的新銳歷史學家兼思想家哈拉瑞（Yuval Noah Harari），在《21世紀的21堂課》這本著作引言的第一句話就說：「在一個資訊滿滿卻多半無用的世界上，清楚易懂的見解就成了一種力量。」

　　為什麼清楚的見解很重要？因為哈拉瑞認為，我們現在面對的世界，有很多是前所未有的挑戰，過量又錯誤的資訊，也容易誤導人們的選擇。想要維持眼界清晰變得很不簡單。尤其，填鴨式教育依然是現代教育的一大缺點，無論東西方皆然。因為即使西方強調的自由主義教育理念，鼓勵學生自己思考，但以為提供大量資料，讓學生自己自由

沒有了第一名、
第二名的名次壓力後，
才可以找到
自己的方向。

去消化，指望學生就能建構出一套有系統的世界觀，其實也是填鴨式的教育。

因為填鴨式教育在過去工業革命時代，讓知識可以像一條生產線，用接續的方式傳遞，再經由累積知識，進入工作階段，但人類如今面對前所未有的挑戰，例如氣候變遷加劇、智能機器、大數據、基因工程、演算法等等，過去的知識無法因為累積而解決未來的問題，活在當今社會的人，無論各年齡層，都必須不斷再學習，重塑自己對未來的認知。「想要在這樣的世界過得順風順水，需要心態非常活潑、情感極度平衡」，這句話頗適合形容唐鳳在理解這個世界，或是建構知識體系時，所維持的心態。

知識必須透過討論，才能產生價值

一九八一年出生的唐鳳，他所成長的時代，正是邁可‧桑德爾（Michael J. Sandel）口中，才德至上的精英教育心態開始蔓延的時代。

　　因《正義：一場思辨之旅》這本書受到全球矚目、當代最有名的哲學家、哈佛政治哲學系教授邁可・桑德爾，在二○二○年疫情期間撰寫的《成功的反思》一書中，指出精英教育為現代社會帶來戕害。他在書裡陳述，一九八○年他開始在哈佛大學教授政治哲學，他發現有愈來愈多學生認為，自己之所以成功考上哈佛大學，都是自身努力的結果，與運氣毫無關係。

　　這種現象不只在美國發生，包括桑德爾後來到其他各地去演講，都強烈感覺到「成功操之在我」的普遍心態，大家認為，只要努力就可以成功，至於那些失敗者，則被歸因於個人的不努力。精英主義使得汲汲於競爭分數的學生，「對分數的關心，簡直就快超過了對智識的好奇」，也因為在文憑戰場上爭奪輸贏，少有時間去思考與探索自己是誰，以及人生值得關注的事物。

我成年以後就沒有做任何事是把別人比下去，那個智商 160，並不是要把別人比下去用的。

　　桑德爾指出，精英教育還帶來另一種戕害，那就是當那些不斷被考試及排名篩選，只好拚命搏鬥的年輕學子，產生了「完美主義後遺症」，使他們必須不斷督促自己獲得高成就來肯定自己的價值，但內心卻更加抑鬱，這也是為什麼過去幾十年來，全球青少年抑鬱症比例不斷攀升的原因。這就是唐鳳國小被同學霸凌時所感受到的實況，大家都在爭奪名次，超越了對人生的好奇心。

　　不過，從輟學到成年這段時間，唐鳳表示自己剛從學校體制走出時，當時他也還有一些好勝心。例如，他那時很迷「魔法風雲會」的紙牌遊戲，這個遊戲是有排名的，他不僅成為台灣積分最高的選手，還代表台灣前往日本參加世界盃比賽，打入前八強，但後來他對這種競爭方式也膩了，不再繼續。

　　這也是為什麼唐鳳會說：「我成年以後就沒有做任何事是把別人比下去，所以那個智商 160，並不是要把別人比下去用的。」他在自學過程中逐漸領悟到，原來讓他開心的感覺，並不是來自於外在的成就，而是透過參加不同的社群，大家一起研究同一個題目，貢獻愈多，就覺

得自己愈有價值。

　　他認為，我們平常談教育時，總是覺得很像一個人集中了標準答案在自己的身上，這是因為大家對標準答案有壟斷，但是隨著我們所面對的世界不斷有新的情況誕生，這些新的情況是傳統知識體系裡所沒有，或是無法因應處理的，只能透過不斷討論了解，沒有標準答案，每個人都像是一塊拼圖。當你在拼圖時，不會有人說「我是第一名，他是第二名、第三名」的競爭概念，而是大家一起來拼拼看。

　　這個拼拼看的想法，如果用知識論來說，就是我們每一個人的主觀經驗才是珍貴且無法替代的，而不是要大家去背誦相同的東西，還得必須背到百分之百正確才可以，因為這在現在的科技時代，它可以交給電腦去做，其次它也無法因應現代不斷出現的新情況。

　　用拼圖概念取代背誦單一標準答案的方式，成為唐鳳在建構知識體系時，很重要的學習出發點。他除了自己寫程式營造不同空間，召集大家一起進到這個空間來互

動，他也會主動去參與其他人所營造的空間，大家一起
來拼圖。好處是，這種「不把一件事想通的擔子放在個
人身上」的學習方式，無論遇到任何新的挑戰時，就不
會覺得自己有重擔，非得靠個人才能解決，也能避免落
入桑德爾所說的完美主義後遺症，非得靠自己解決不
可，因為我們的世界，已經不是靠個人能力就能將問題
迎刃而解的了。

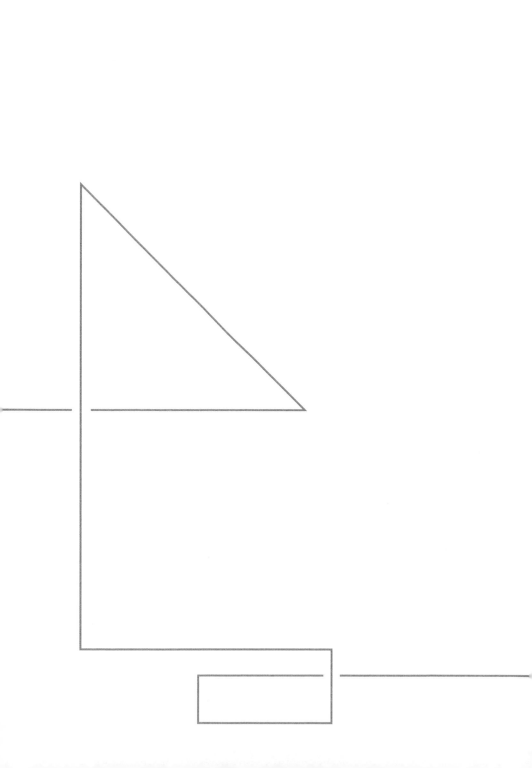

比世界更大的世界：
閱讀開啟深度思考

從特斯拉創辦人到 Facebook 創辦人，為什麼他們都推薦閱讀科幻小說？從艾西莫夫的科幻小說到各類經典，閱讀究竟帶給唐鳳什麼樣的思考力？

科幻小說是一種思考未來的訓練

很多名人，都很喜歡閱讀科幻小說，唐鳳也不例外。唐鳳從小的閱讀量就比一般人廣泛，小學換了六間學校，有時休學，有時一週只到學校上幾天課，其餘時間幾乎都在閱讀。閱讀，讓他走出霸凌的陰影，透過閱讀心理學書籍，理解同學之所以霸凌他，是因為霸凌者的自信是建立在跟別人比較上，如果比較失敗，就會產生焦慮。他曾說過，當時如果沒有靠閱讀來幫助自己，他可能就會陷在人與人之間不舒服的情緒裡。

在他廣泛的閱讀裡，科幻小說尤其是他的最愛，如果問他如何思考未來？他的回答即是：「歡迎看科幻小說。」

　　科幻小說和未來有什麼關係？事實上，科技界兩位舉足輕重的創業家，也非常熱愛閱讀科幻小說。電動汽車公司特斯拉（Tesla）及太空探索公司 SpaceX 創辦人伊隆‧馬斯克（Elon Musk）從小就對科幻小說非常著迷，他在接受《紐約客》專訪時曾提到，八歲那年父母離異，母親又忙於事業，童年時他幾乎在孤獨中度過，而《魔戒》和《基地》等科幻小說陪伴他度過了孤單成長的歲月，尤其是科幻文壇超級大師以撒‧艾西莫夫（Isaac Asimov）的經典科幻小說《基地》系列，講述一個銀河帝國因為崩壞而迎來黑暗時代，這些作品不僅啟發他日後探索太空的動力，也讓他成為終生的科幻迷。

　　馬斯克甚至以他喜愛的已故科幻小說家伊恩‧M‧班克斯（Iain M. Banks）的作品《戰爭遊戲》（*The Player of Games*）中的兩艘飛船，做為 SpaceX 無人機飛船的名字，Facebook 創辦人馬克‧祖克伯（Mark Zuckerberg）在他的年度書單裡，也非常推薦班克斯的作品。

　　唐鳳曾經在接受媒體訪問時被問到對青少年看科幻

小說的想法，他說：「科幻小說一直在提供下一個世界的相處方式。」國小二年級，因為同學霸凌，他暫時休學在家，那時母親幫他找了幾位老師，一位是楊文貴老師，一位是推廣兒童哲學的楊茂秀老師。在楊茂秀成立的毛毛蟲哲學教室中，老師的角色只是促成大家彼此討論什麼理念應該要用什麼方式理解，從批判性思考、關懷性思考到創造性思考，都是唐鳳在毛毛蟲哲學教室中學到的思考方法。

另一位是台大數學系教授朱建正，他是台灣有名的數學教育家，不僅啟發唐鳳學習更高深的物理與數學，也是他推薦當時九歲的唐鳳閱讀艾西莫夫的科幻小說。艾西莫夫這位出生於俄國、成長於美國的科幻小說家，在全球科幻小說迷的心中，具有不可撼動的地位。做為二十世紀西方最頂尖的科幻小說家之一，艾西莫夫著作等身，一生總共出版了四百多本小說，其中又以《基地》及《機器人》系列科幻小說最為膾炙人口。

唐鳳小時候閱讀艾西莫夫的科幻小說，看到裡面提到的科技，例如語音輸入法，當時網際網路尚未興起，

讓他讀得津津有味。他說，科幻小說家將科技帶給社會的改變預先寫在小說裡，有點類似近年歐美熱門影集《黑鏡》，透過影片敘事手法，探討高科技發展到最後為人類帶來哪些病態發展，例如，網路社群發展如何影響人們線下的實際生活。

艾西莫夫的小說中，經常描述人類一開始發明機器人的初衷是為了人類更好的生活，但是如果一個機器人自己開始長出自我意識，甚至自認為比人類厲害，就會變成人類不想看到的集權狀況，違反一開始的發明是為了人類好的初衷。艾西莫夫很多小說都是以這樣的概念做為核心主線，旁邊的劇情人物和塑造，都是為了講述這個道理而存在。

小時候接觸艾西莫夫所寫有關科技倫理的思考，帶給唐鳳莫大的影響，讓他領悟到，無論是科學或是技術，不一定都是好的，而且往往當代看不出來，必須要到綿延幾代之後

科幻小說一直在提供下一個世界的相處方式。

才看出問題。雖然，人們在研發科技工具時，出發點多半是為了幫助自己或他人，很少人開發工具是為了破壞下一代而進行。

　　科幻小說裡所演示關於科技帶給社會的改變，讓唐鳳了解到，如果在開發一個新技術時，沒有想到倫理，例如，建造一座橋偷工減料，雖然這座橋不會在這一代垮下來，卻是建立在危害下一代幸福的基礎上。「如果有了倫理思考，我們在開發新的科技工具時，就可以先預想不要往那個方向去做，以免危害下一代。」

　　此外，在艾西莫夫的小說裡，時間尺度往往很長，經常橫跨幾百年或是幾千年，間接也啟發讀者去思考，很多工具的發明，都是為了當下使用，下一代不見得會用，所以研發時就僅專注在當下的用法而已。但事實上，「當下使用」這個初衷，經年累月下來，會逐漸形成使用習慣，到最後，大家為了這個習慣而持續使用下去。既然去年也這樣使用，那麼今年、明年就繼續使用下去。換言之，就是脫離了當時設計給「當下使用」的目的，如此一來，後世的人在使用這項工具時，可能就

會造成社會危害，而脫離了原來是為了解決問題的發明初衷。

　　唐鳳以氟氯碳化物（破壞臭氧層的元兇）為例，一開始是一個很好的發明，後來卻發現會對後代子孫產生紫外線問題，人類因為發現了這樣的問題，很快地去解決它，如果沒有對後代的考量，現在可能已經蔓延到難以解決的地步。

　　雖然科幻小說是小說家在架空的時空裡，提出對未來的許多想像，但是放到現實生活來看，例如氣候變遷、全球暖化，這些人類現在正在經歷的問題，是因為當初追求文明進步時，沒有想到各種的新技術會導致後來地球的暖化，而且已經蔓延到難以解決的地步，影響後代子孫，就算現在大家集思廣益，也無法阻止暖化現象的加劇，只能思考如何適應它，這就是艾西莫夫的小說給人類的警示。

　　唐鳳再舉例，例如 Cookie 這項技術發明，讓許多網站很容易追蹤使用者的瀏覽器，等於是使用者在網站裡

存取資料時，Cookie 也可以在使用者的瀏覽器裡存取資料，而且存取的資料其他網站廣告商都可以看到，在這種情況下，Cookie 就找到很簡單的方法，把使用者的行為賣給其他能夠拿使用者行為去賺錢的人。

然而，當初發明 Cookie 這個技術時，並不是為了這個目的，原本是為了解決一個簡單的問題，也就是使用者如何登入網站，但是發明這個技術當下並沒有想清楚，也因此產生了很多目的之外的使用。例如，後來 Google 買下 DoubleClick（網路廣告服務商）之後，整個營業的價值很多都是建立在這個誤用上，但當時 Google 已經是 Chrome 瀏覽器的主要開發者，面臨了不希望左手打右手的情況。也就是如果在 Chrome 這個瀏覽器裡拿掉 Cookie，等於是自己摧毀自己最主要的經濟收入來源，Google 當然很難做出這個決定。

情況還不至於太糟的是，網路上不是只有 Chrome 瀏覽器，其他瀏覽器，像是 Safari、Firefox 等也都開始抵制這件事，到最後 Chrome 也開始思考有什麼可以保護隱私的方式，但卻花了很久的時間，大部分的開發者都已

經習慣有 Cookie，從一九九四年開始出現這個反思，一直到二〇一四年，長達二十年的時間許多人傾力挽救當初發明 Cookie 這個技術帶來的缺陷。

　　這就是艾西莫夫的科幻小說裡講的科學倫理思考，發明一個技術或東西時，除了必須因應時代需求之外，更要去思考二十年後，或是更久以後，可能對人類社會帶來的影響。「也就是我的創造是為了讓你後續的創造變得更容易，而不是我的創造很完美地剝奪了你的創造。」唐鳳強調。

姜峯楠的科幻小說，融合科幻與哲學思考

　　童年時閱讀艾西莫夫科幻小說的經驗，啟發了唐鳳對科技倫理的重視。近幾年，唐鳳很推薦大家閱讀一位知名華裔科幻小說家姜峯楠的兩本科幻著作：《妳一生的預言》及《呼吸》。

　　如果說，艾西莫夫是二十世紀最有名的科幻小說家

之一，那麼二十一世紀最有名的一位科幻小說家，就是姜峯楠。這位出生於美國的華人，從一九九○年發表第一篇短篇小說《巴比倫之塔》，便獲得美國科幻小說界最重要的獎項「星雲獎」，三十年來，只寫中短篇小說的他，其科幻小說囊括了全球最重要的獎項。二○一七年入圍奧斯卡金像獎最佳影片等八項大獎的好萊塢影片《異星入境》，就是改編自姜峯楠的小說──《妳一生的預言》。

唐鳳表示，姜峯楠的科幻小說，沒有傳統硬科幻的說教方式，讓人讀了很舒服。例如，《妳一生的預言》這篇故事，講述某天外星飛行體突然出現在地球上空，因為不曉得他們降臨地球的用意，美國軍方找來語言學家露伊絲・班克斯博士與外星人溝通，外星人因為身體圓筒狀，底下有七隻腳撐著，被稱為七腳族。

一開始，露伊絲因不了解七腳族的文字，因而無法與之溝通，尤其外星人的文字符號與人類的文字表達方式完全不同，一大串複雜的符號，只要轉了方向，表達的意思也不同。也就是，人類使用的文字屬於長與寬所

組成平面的二維空間思考，但是外星人的文字比人類高一維度，是由長寬高組成的三維立體空間。她更發現，使用這些符號的外星人，在他寫下這個符號之前，就已經知道未來會發生的事情，而露伊絲在研究七腳族的文字過程中，因為看懂了他們的三維文字，也因此逐漸發展出這種預知未來的能力，看到了自己的一生。雖然看得到自己的未來，卻無法改變，因為這是命定的事情，露伊絲只能有意識地看著未來不斷地發生與到來。

　　姜峯楠的科幻小說，究竟帶給唐鳳何種思想上的啟發與思考？唐鳳表示，這就好比我們平常呼吸是無意識的，如果我們說，現在先暫停一下深呼吸，這個呼吸就變成有意識了；但是即使知道接下來要深呼吸，我們也不會去抵抗它而不呼吸，只是有意識地去感受呼吸這件事，因為這件事還是會發生，不會不發生。

> 我的創造是為了讓你後續的創造變得更容易，而不是我的創造很完美地剝奪了你的創造。

在《妳一生的預言》這篇小說裡，自由意志與命定論並不矛盾，差別只是要不要充分去感受它的發生而已，就像上面提到的呼吸，如果充分去感受它，就是有意識，帶著意志去呼吸，而不是想要抵抗命運不去呼吸。有意識地去呼吸，或是有意識地去生活，看起來好像是自己所主導，但客觀上跟沒有意識地去呼吸，並沒有太大差別，因為都是要呼吸。就像《妳一生的預言》裡，無論女主角是否能看到未來，結果依舊一樣，差別只是她有意識到未來會發生什麼情況而已。

另一篇短篇小說《天註定》，唐鳳也覺得很精彩，故事是透過一個與汽車遙控器差不多大小的「預知器」按鈕，來討論人到底有沒有自由意志這件事，還是一切都是命定？

這個預知器只有一個按鈕和一個很大的 LED 綠燈，有趣的地方在於，只要按下按鈕，燈就會亮起，但你還沒按下按鈕的前一秒，這個燈就會提前亮起來。如果故意不按按鈕，燈也不會提前亮起來。換言之，只有你知道接下來會按鈕的前一秒，燈才會亮起來。預知器其實

具有「逆時延遲」的功能，也就是在你按鈕後，逆時器逆著時間的訊號到一秒前，然後讓自己亮起來。唐鳳說，這個裝置其實並沒有改變世界什麼，而是很清楚讓大家看到沒有什麼真正的自由意志，所謂的自由意志只是你有意識地去按那個按鈕，而不是你看到亮燈後，決定不按，因為不可能出現這個結果，燈之所以提前亮，它顯示的其實是一個結果，也就是因為下一秒你一定會去按鈕，所以它才會發亮。

　　唐鳳說，所謂的自由意志，是大家的宣稱而已，但也無法否定，因為它存在腦中，別人也觀察不到。但是姜峯楠將腦海裡的迴路拿到外面來，予以具象化，讓大家看到，其實沒有所謂的自由意志。這種比喻手法非常巧妙，把腦神經科學這件事，用一種很容易設身處地的方法把它講清楚，讓大家了解，沒有所謂自由意志可以不做的事情，讓我們更了解自己。

　　這就是為什麼姜峯楠的小說雖然都是短篇，產量也不多，卻融合了科幻與哲學思考，每一則短篇小說都帶給讀者極大的震撼。與艾西莫夫不同的是，姜峯楠不是

發明家，不會告訴大家做了這個會怎樣，做了那個會如何，而是透過小說情境，把大家習而不察的狀態講出來，讓大家不能再忽略。

姜峯楠的另一個短篇《智慧的界線》，講述一個普通人因為服用了研發的藥物，開始擁有超級智慧，世間所有一切在他眼裡變得全都有意義與秩序，因此學習任何事物都非常快速，當智慧不斷拓展到無上限時，作者發出的另一個疑問是：「人真的能夠徹底了解自己的心智如何運作嗎？」

唐鳳從另一個角度來看超級智慧這件事。他說，大部分我們能夠學到的是已知與未知中間的差距，如果你一下子就跳到自己沒有第一手經驗的地方，因為沒有第一手經驗，過度抽象，也很難學到什麼東西。這就是為什麼他在與人共事時，很強調共同經驗這件事；**如果彼此沒有共同經驗，對方就算把事情很有秩序地結構化，也只是腦補而已，而共同經驗就像是準心，用準心來校準，才能學到東西。**

　　唐鳳舉例，小時候有一段時間他常玩電玩遊戲，但父親認為電玩會讓孩子產生暴力行為，不贊成他玩，唐鳳的回答是，在沒有玩「文明帝國」（Sid Meier's Civilization）這個電玩遊戲時，他看不下去威爾・杜蘭（Will Durant）所寫的《世界文明史》這套歷史書，但透過這個改編自《世界文明史》的電玩遊戲，讓他對於歷史書上所寫的那些正在做決定的人，產生了類似決定的經驗，當敵方用三槳戰船沿海來劫掠，他到底是要放棄他的沿海城市？還是要開發更好的航海技術？

　　這些決定，如果不是透過電玩遊戲，日常生活經驗絕對不可能需要做這些決定，但是他在電玩遊戲裡體驗過幾次之後，再回去看《世界文明史》，了解迦太基、希臘，就能開始想像當時的情景。

AI 不是一開始就聰明，它需要一段熟成過程

　　而馬斯克與祖克伯所推崇的另外一位科幻小說家，被蘇格蘭視為國寶大師的伊恩・M・班克斯（Iain M.

Banks)，唐鳳過去也常看他的科幻小說，尤其是他所寫的以宇宙為背景的《Culture》系列小說。

《Culture》講的是未來某個時候，世界已是由 AI 機器主導人類社會運作，人類雖然與 AI 和平共存，但是人類的角色在這個文明裡變得不是特別重要。唐鳳認為《Culture》有一個其他科幻小說少有的特質，那就是作者傳達了一件事：「如果人類把社會的價值，良好地傳遞給 AI 的話，到最後文明的狀態大概會是什麼樣子，我覺得這個是滿好的。」

他認為，大部分的人想到 AI，就是把它設定為已經發展到很成熟的階段，從來都沒有想過，AI 也有不成熟到成熟的過渡階段，所以大部分的科幻小說，只要提到 AI，就是 AI 已經成熟到機器人會叛變，然後莫名其妙地就把地球上的人類殺光，不然就是像電影「駭客任務」裡的 AI，根本就跟神一樣，可以解決全部的問題。

很多科幻小說把 AI 處理成不是鬧脾氣的小孩，就是無所不能的大神，跳過中間階段，但一般人沒有想到的

是，AI 也需要經歷從三、四歲的小孩，到三、四十歲的
社會化過程，在這個邁向成熟的階段裡，人類要如何陪
伴 AI 一起往前走？唐鳳舉例，姜峯楠有一篇小說《虛擬
生物的生命週期》，就是在處理 AI 這個議題，它如何一
開始從類似動物，然後慢慢開始發展成有人類八、九歲
的智力，探討人去撫養它的過程，不僅令人大開眼界，
也有許多深思。

　　姜峯楠自己也在書末的故事筆記中寫道：「無論我們
是想要 AI 們勝任什麼樣的角色，員工、愛人或寵物都一
樣，我認為，有人在他們的發展過程中關心他們，他們
才能把自己的任務做得更好。」

　　從科幻小說回推到現實社會，在社會普遍強調 AI 的
重要性，認為未來 AI 將會全面取代人工的論調時，唐鳳
提供了另一個思考。他認為，在 AI 還沒有發展到很成熟
的情況下，我們的社會不應該為了配合 AI，或是覺得 AI
很潮，而放棄人類一直以來重視的價值，例如人性尊
嚴、人權等，為了專門發展 AI，犧牲掉我們對資料共同
治理的權利，將所有的資料全都集中到 AI 身上，反正總

有一天 AI 會愈來愈成熟。

「這種以 AI 為名，行極權之實的做法，從我的角度來看，其實就是艾西莫夫很早以前就警告過的，我們的社會很容易不假思索這樣做，結果不會太好。」

如果每個人都可以理解 AI 現在無論是技術，或是大家對它的了解還處於不成熟狀態，而用類似共存的方式，整個社會與 AI 一起慢慢成熟，哪裡可以改得更好，而不是現在大家立刻把 AI 捧為神，或是貶為惡魔，然後把權力集中在少數人的身上。

哈拉瑞在《21 世紀的 21 堂課》一書中也指出，現代科幻小說經常過度擔心人類隨時都可能會跟機器人開戰，他也表示：「事實上我們真正該擔心的，是有一小群超人類精英，靠著演算法帶來力量，而與大量低下階層、手無權力的智人，發生衝突。」

他在與唐鳳進行精采的線上對談時也提出「數位獨裁」的擔憂，直指二十世紀獨裁國家靠特務蒐集資料，

現代人有了 AI，完全不需要特務，因為 AI 就可以辦到，還更全面，左右人類生活的重要決定。

　　而人類所創造的價值，為什麼依舊很重要？他舉例，例如人權的概念是因為你是人，而不是因為你是哪一國人、哪一種性別，或是屬於哪一個宗教；也就是不依賴這些社會組織，只要是人，都應該受到保障。但如果 AI 的發明是往極權發展的話，很容易發生由 AI 來判定你是不是人的這種情況。例如，人臉辨識，如果你的膚色或是臉的形狀，剛好不是屬於人臉辨識的範疇，很可能就被認定是布景，如此一來，你就會忽然間喪失所有的人權。

　　所謂的人權，是只要生而為人，就有人權，不需要拿出證明，證明自己是人。但是，今天 AI 的發明還未到達成熟階段，我們不應該因為 AI 對九成九的人都判斷得很準，就說剩下來的人，不是人。過度倚賴 AI 判別，可能產生的效應就是會有一群人被排除在社會之外，沒有做到我們所謂的數位包容。唐鳳也表示，重點是當這種情況發生時，我們要非常清楚地指出，這是程式設計師

的問題，不是個人問題。

　　換言之，補救的責任應該是在程式設計師上，而不是沒有通過 AI 判別的人。設計師補救時，不能只是說明這個 AI 的功能而已，然後建議沒通過的人去整形，整到讓 AI 認可的範疇內，這樣去刷臉時，就能通過了。

　　這當然不行，但為何一般人覺得程式設計師的責任只要說明就夠了，因為大家還有選擇，反正這裡的人臉辨識不通過，還有別的選擇。但唐鳳擔心的是，當它逐漸變成社會習慣，所有一切活動都必須靠人臉辨識時，大家找選擇的成本就會愈來愈高，到最後就變成幾乎沒有選擇的地步。就好像手上的電器無法接上插座，一定要到特別的店裡，才能找到適合的轉接頭，導致這個電器，幾乎無法在生活裡使用。

　　所以，唐鳳一再強調所謂的人權，展現在人臉辨識上，不是強迫那些無法被 AI 辨識的人去做選擇，而是反過來要求 AI 去改善，讓每個例外的情況都可以被好好處理，才可以說沒有喪失人權價值。最怕的就是用說明的

方式來處理，例如：「你的辨識沒有通過，那就去整形成 AI 要的樣子」，以這樣的態度對待各別情況。換言之，我們應該要培養的正確態度是，用 AI 來配合人類的習慣，而不是讓人類來配合 AI。

　　這就是閱讀科幻小說，帶給唐鳳在知識的想像與理解未來世界時的幫助，所以他鼓勵大家看科幻小說時，不妨帶著意識去閱讀。因為無意識地閱讀科幻小說，可能就只有當下的樂趣而已，但是有意識地去閱讀時，帶來的不只是樂趣，小說家為人類所演繹的未來社會，以及可能發生的情況，可以提供思索未來很多重要的參考。

不同經典可以提供不同價值觀，
避免陷入單一價值窠臼中

　　唐鳳的閱讀範圍十分廣泛，除了科幻小說、哲學書籍外，他從小就閱讀四書五經、《紅樓夢》、金庸小說等，他不僅廣泛涉獵這些書籍，更精讀每一部經典。

　　無論是老子、艾西莫夫、姜峯楠、伊恩・M・班克斯等科幻小說家，或是其他經典，對唐鳳來說，諸子百家，每個都有不同的價值，提供大家各種看世界的倫理觀。例如，老子的《道德經》讓他了解，所謂的無為而治不是不做，而是你還是去做，但不是用特定的方式做到特定的結果，而是讓事情展開新的可能性，所以每個動作都是以展開新的可能性，而不是以收斂到特定結果為前提。

　　唐鳳曾經說過，二十歲之前，有兩個人影響他頗深，一個是維根斯坦（Ludwig Wittgenstein），另一位是愛爾蘭知名作家喬伊斯（James Joyce），他甚至稱自己是「維根斯坦的信徒」。

　　維根斯坦是二十世紀著名的哲學家，一生頗負傳奇，出生奧地利名門的他，是猶太人家族，父親是鋼鐵大王，著名的英國哲學家羅素（Bertrand Russell）則是他在劍橋大學的老師。維根斯坦所寫的《邏輯哲學論》被視為天才之作，並因此成為劍橋大學三一學院的老師。他曾經富可敵國，卻甘願捐出父親給他的所有遺

產，到偏鄉去當國小老師，最後一貧如洗。

維根斯坦是唐鳳國中開始自學後接觸的哲學家，當時他在政大哲學系旁聽，聆聽關於康德、高達美、費耶阿本德、海德格爾的哲學理論，一方面也從維根斯坦的著作《邏輯哲學論》開始看起，有系統地去理解維根斯坦早期與晚期的學說，包括《哲學研究》、《藍皮書》、《棕皮書》等。

維根斯坦曾經說過一句話：「哲學的任務，就是要給蒼蠅指出捕蠅瓶的出口。」這個捕蠅瓶，指的是舊有的哲學思考，維根斯坦的哲學思考就是不斷在解構這些哲學思考，甚至不同時期，他也不斷打破自己的邏輯思維。

唐鳳認為，維根斯坦的哲學思考很適合語言程式的世界。例如，早期維根斯坦將世界分為可以言說與難以言喻兩部分。難以言喻的部分，應該保持沉默，而可以言說的部分，則可以用語言明白講清楚，這一點很像人工智慧技術普及之前，程式撰寫者都是用 0 跟 1 的簡約方式表述這個世界，讓電腦能夠去掌握所要建構的樣貌。

　　但是晚期的維根斯坦卻打破了自己過去的邏輯，他認為，難以言喻的部分，其實有更多的空間，可以通過互動來建立意義。現在的人工智慧，也是在模擬這種思維方式，可以做到先於定義來創造共感，進而溝通，不見得非得先用文字定義才能溝通。例如，現在的 VR，不必透過抽象描述，就可以帶領使用者進入一個情境，進而達到共感，不必靠過去文字先行的方式才能達到共感。尤其經過文字重構共感時，中間已經打了許多折扣，而且，也不是每個人都擅長用文字來描述具體事物。

　　唐鳳在接觸維根斯坦後，《邏輯哲學論》裡所說的自動推論邏輯，啟發他後來將維根斯坦的思考大量應用在國中時期所做的科展，以及電腦程式設計上。

　　被視為天才中的天才的維根斯坦曾經說：「成為天才是最高的道德，也是每個人的責任。」同樣也被大家視為天才的唐鳳，是怎麼看待這句話？他說，李白的「天生我材必有用」這句話，意思是每個人不該否定其他人，因為每個人的才能，上天都有安排，大家都可以有所貢獻。重點在於理解自己有哪些才能的過程，同時尋找這

些才能如何可以貢獻出去，這就是維根斯坦所說的道德的一部分。

　　唐鳳也強調，才能與貢獻是同一個行為，不是發現才能後，再去培養自己可以貢獻什麼，兩者邏輯不一樣。換言之，在發現自己才能的過程中，必須靠不斷與社會互動，找出屬於自己這一塊才能的拼圖，以及如何與社會拼在一起，這也是為什麼他說：「自己覺得很有才能是沒有用的，要透過貢獻，讓社會覺得在這個時間點上有所貢獻，這才真的可以算是上天給的才能，而不是自己來認定。」

　　所以唐鳳認為維根斯坦所謂的責任就是分享。天才不是強調自己的品味和與眾不同，具有排他性，而是他的創造可以讓多少人分享，讓別人透過他的分享，可以看到某個世界，讓自己的創作成為他人的素材。

　　而另一個唐鳳很喜歡的愛爾蘭作家詹姆斯・喬伊斯（James Joyce），尤其是《芬尼根守靈夜》這部作品，讓他在二十幾歲時，特地為這本書寫了一個機器人程式，

可以在書裡隨機挑出一句話來，每天早上醒來，只要鍵入這本書的第一個字，機器人就會挑出書裡的一句話送給他，「我就當做類似占星來使用。」唐鳳笑說。

喬伊斯有很多膾炙人口的小說，例如《都柏林人》、《一個青年藝術家的畫像》等等，《芬尼根守靈夜》被稱為西洋文學史上最難懂的一本書，因為書中文字語意顛三倒四，甚至有許多自創字句，充滿夢境式與意識流的敘事，讓人摸不著邊際。

唐鳳之所以喜歡《芬尼根守靈夜》主要有兩個原因，首先，這本書沒有給人特定文化的感覺。大部分的小說或是非小說，都可以看出其文化背景，作者在此文化背景的框架下建構他想表達的意義或敘述故事。但是《芬尼根守靈夜》卻是刻意破壞特定的文化脈絡，無論是非常普世的文化，甚至是還沒有發生的文化，都可以在裡面定錨，所以讀者閱讀時，會有不斷重讀之感，就算是同一句話，重音放在不同的位置，也會變成不同的語言，形成類似萬花筒的感覺。但是大部分的小說都不是這樣子，讀到第十遍就差不多了，所以閱讀《芬尼根守

靈夜》帶給唐鳳無窮的樂趣。

　　第二個原因是因為唐鳳很喜歡翻譯，尤其是文學性的翻譯。透過翻譯，即使譯者忠實表達原意，但從另一個角度來看，會是譯者與作者的共同創作，因為譯者考量到文化的不同，一方面要盡量趨近於創造者，但是另一方面，由於彼此文化脈絡的不同，譯者必須要更了解自己的文化脈絡，才可以做出二次創造。《芬尼根守靈夜》在全球有不同翻譯版本，從簡繁體中文到英文版本，在閱讀上，感覺就像是在看不同的書，也看到譯者各自不同的創造力。

　　唐鳳說，有人推薦書給他，基本上他就會看，大部分看的小說都是原文，如果碰到裡面有詩，他會自己試著翻譯，覺得這樣與作者對話的空間就更大。他也喜愛讀詩與寫詩，認為如果有讀詩

天才是讓別人透過他的分享，可以看到某個世界，讓自己的創作成為他人的素材。

寫詩的經驗，對寫程式有很大幫助，因為一個人寫程式的能力取決於他用語文的能力，尤其是詩的表達方式是透過格律與意象，是所有文字裡最精煉的方式，在短短的篇幅裡，就可以達到多種意義，程式語言也是一樣。

詩有兩種特性，一個是具有在短篇裡，表達長意義的能力，另一個是擁有取名字的能力，也就是詩歌裡會出現的章節名稱。唐鳳表示，每個人一次看的符號數量有限，不管透過再多的練習，工作記憶容量就只有這麼大，很難再擴充，所以一個人的工作記憶裡，是否可以一次放得下許多概念，完全是靠這些概念本身是不是抽象性夠高，以及這些概念的互相作用。如果挑選好的抽象概念，就可以在很短的篇幅裡，完整傳遞你想要處理複雜系統的各種性質，如果沒有這樣的能力，等於要捕捉到這個性質，就必須要長篇大論。

寫程式也是如此，主要是靠我們的工作記憶，如果要靠長篇大論，不但自己背不起來，撰寫的程式規模也有限，如果是和別人合作，就要花對方很多的認知成本，才可以讓對方知道你這一段的意思是什麼。但如果

有寫詩的經驗，就可以很有效地利用寫程式時如何跟別人解說。例如，善用詩歌裡出現的章節名稱，用來為程式裡的一段程式取名字，就可以讓對方一下子進入你的思考狀態裡。

這就是讀詩帶給唐鳳在寫程式時，能更精煉地表達多重意義。透過閱讀不同領域的經典，讓他從小就接觸到許多不同價值，因此知道許多不同看事情的方法。「同樣一件事，到底是好事，還是壞事，沒有哪一種觀點一定是對的，完全看你持有的價值是什麼。」

例如，唐鳳從小讀金庸小說，最讓他印象深刻的是《倚天屠龍記》這部小說裡提到，武當山開山祖師張三豐閉關一年半，發明了一套太極劍，準備教張無忌時，張無忌的對手方東白，因為不想占便宜，決定回避，不在旁邊觀看，但是張三豐卻告訴他：「我這套劍法初創，也不知管用不管用。閣下是劍術名家，正要請您瞧瞧，指出其中的缺陷破綻。」

唐鳳說，張三豐的思維對幼年的他產生深遠影響，

相較於小說裡其他武學大師的藏私，張三豐卻願意公開武學理論，邀請大家一起觀看，就算是競爭對手，也願意跟他分享，因為多一個人看就等於多一個人貢獻，完全不怕張無忌的對手學走，**這種重視開放式創新，勝過比武勝敗的精神，也是唐鳳日後無論做任何事，都非常強調共創精神的原因。**

培養多重價值觀的好處是，在面對任何情況發生時，才有能夠對應的價值可以因應，而不會陷在單一價值的困境裡，認為只有某種價值才是對的。因為「當你知道這個世界上有這麼多價值時，反而給你一種安心的感覺，如果只有單一的價值，很容易碰到這個價值無法處理這一件事的時候。」

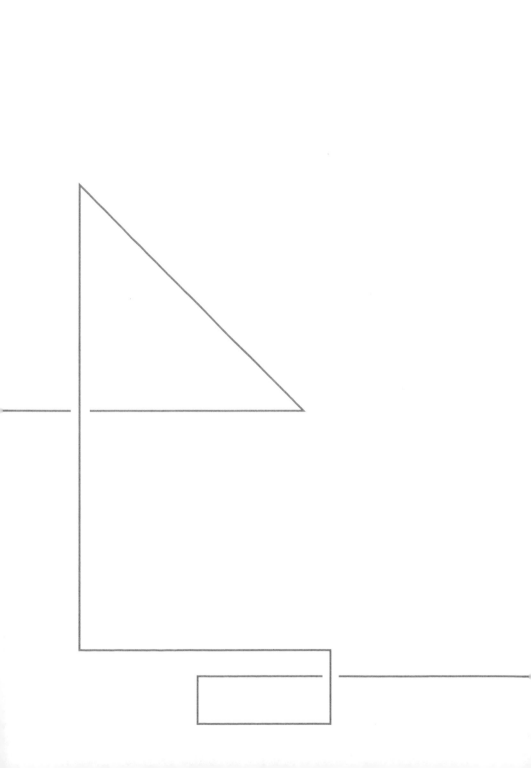

以共好取代競爭：

與他人共同成就彼此

把想法放在平台上，讓價值擴散出去，只要我們登出這個世界時，世界的狀況比我們登入的時候要好，我們的人生就很有意義。

二〇二〇年，全球疫情延燒到台灣，當年六月，台灣本土疫情升溫，全台進入三級警戒，救護車日夜穿梭在大街小巷，大家第一次感受到死亡的陰影如此迫近。

唐鳳因為罹患先天性心臟病，從小死亡的陰影就一直圍繞他，即使他在十四歲時進行了心臟手術，身體從此恢復健康，但從四歲到十四歲，有長達十年的時間，他都活在一覺睡下去，明天可能醒不來的陰影裡，這對他的人格形塑有很大的影響。

分享，價值就不會消失

童年時，家人花很多心力在照顧唐鳳，不僅每天提

醒他要按時吃藥，否則明天可能一睡不起，也花很多力氣在保存與他相處的記憶。當時照顧他的阿媽，還會訪問他，錄下他唱歌、講故事的聲音，因為如果真如醫生所言，唐鳳若是四歲還無法開刀，就會死亡，因此至少在養育他的四、五年之間，要留下與他相處的印記。

就連唐鳳自己很早就領悟到一件事，有東西就要趕快分享出去，因為放在腦中，很可能會因為明天死亡而消逝。這種害怕沒有及時發表出去的恐懼，讓唐鳳養成了今日事今日畢的習慣，只要有想法就分享出去，他說：「發表完後，我就不害怕了，然後可以睡得很熟。」

他也表示，沒有經歷過死亡迫切陰影的人，在思考一件事情時，會覺得等想清楚、想完整，再跟別人分享。這當中或許也是因為面子問題，認為如果將處於草稿階段的不成熟思考，分享出去的話，會有浪費對方時間的感覺。

但這次的疫情，除了死亡迫近的危機感之外，也促使很多人開始思考，過去想累積的東西，到底有沒有價

值？是不是分享出去才有價值？因為如果明天個體消失了，至少累積的價值已經分享出去，不會有遺憾。

把想法放在平台上，讓價值擴散出去

對唐鳳而言，他從小就知道，如果當下不分享，明天說不定就沒有機會了，不分享才是損失。這種「分享，我並沒有損失」的想法，從唐鳳進入國中，開始自學之後，更因為接觸網路社群，每個人都是透過每天貢獻一點價值，共同不斷累積成共好的狀態，讓他又更堅定往這條路邁進。他所分享的東西，不管是知識、智慧，或是大家共同創造的創用 CC（又稱創意共享，指創作的公有地的公共財），這些特色都是愈多人加入，就會創造愈多價值。

尤其，網路的優勢在於打破時間與空間的限制，不同時區的人可以根據自己的時間，只要有新的想法就可以隨時上網寫入，順便看看別人留下來的紀錄，每天一點一滴的匯聚大家共同創作的價值，這就是共筆的精

神。反而實體留言並沒有那麼方便，大家必須到特定地方留言，也無法複製貼上別人的想法。

　　所以，就算是一個不成熟的思考、草稿，或是當天處理到一個程度的工作，如果處理不來或是不適合唐鳳來處理，他就會寫下為什麼不適合他處理的原因，然後放在一個平台上，讓大家都看得到，適合的人就可以繼續處理它。即使有一天他登出了這個世界，至少他沒有白想，因為他已經把想法放在平台上，讓價值擴散出去了。

　　至於共創，為什麼是未來社會最重要的價值？這得回到唐鳳青少年時期的職場經驗，以及他曾經展開的兩次工作大游牧，早年的這些經歷，讓他看到了工作的大未來。

Part 2

我這樣工作──
跨域協同

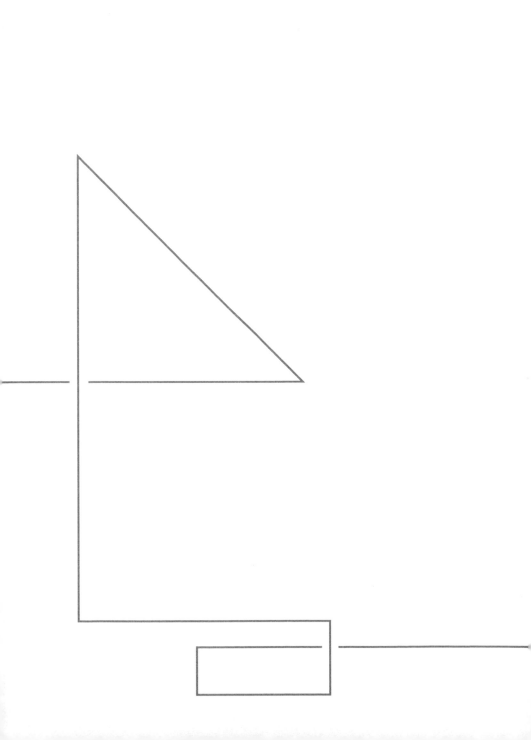

Chapter 4

人生兩次工作大游牧：
開放，全世界都是你的

在展開人生中兩次環遊世界的工作大游牧之前，唐鳳的思考方向是：「我自己有技術，而這個技術別人沒有，那這個技術可以怎樣的運用？」環遊世界兩次後，她發現，世界已經從堅壁清野，開始擁抱開放。

共好：帶著探索的好奇心，到世界各地取經

唐鳳的職場經驗比一般人都早，十四歲就開始創業，十六歲已成為公司合夥人，後來更相繼進入國內外知名企業工作，二十幾歲就展開遠距工作，三十幾歲進入公部門工作。唐鳳有創業經驗，也有擔任經理人的管理實務，她在職場管理與工作上，經常有很多創新的思考與做法，不僅與她過去廣泛的閱讀與獨特的學習方式有關，更與她豐富的職場經驗密不可分。

唐鳳在十幾歲與二十幾歲時，分別展開人生中兩次工作大游牧，他的工作游牧與大部分中年游牧族不一樣，他不是因為厭倦職場暫時出走，而是帶著探索的好

奇心，到世界各地取經。他從台灣出發，短暫停留在美國矽谷，後來更走訪全球二十個城市，因此看到了工作的大未來。

　　唐鳳十四歲輟學後，除了自學外，也跟一群人合寫了一本《我的電腦探索》，後來覺得自己可以幫出版社設計出更棒的電商網站，讓書更容易銷售，於是開始幫出版社經營網站，並從擔任網站管理員開始做起。

　　一九九〇年代，沒有人知道「網站管理員」這個職稱到底是什麼，因為是全新的概念，但好處是，這種新的職務比較自由，不必歷經傳統職場一定得先從基層開始做起。例如，在出版社中必須先當責任編輯，才能慢慢往上成為總編輯。唐鳳為了讓自己的作品方便搜尋，因此寫了一套「搜尋快手」的軟體，商業化量產之後，躍身為公司技術總監及股東，等於是沒有經過傳統職場垂直升遷的管道，直接承接一個全新的部門。

　　正因為沒有經歷過傳統縱向組織的上命下達，所以唐鳳對工作一開始的想法即是：聚集眾人的力量，一起將

好的點子做出來，並且可以透過好點子，認識更多人。
不過，當時年僅十六歲的唐鳳，只是一個軟體工程師，
完全不懂市場行銷，所以即使軟體寫好了，但要如何置
入產品裡、如何拿到外面銷售、怎麼跟投資人商談、如
何拓展業務，他都非常陌生。

　　雖然如此，但因為公司小，其他人出去談業務常常
會帶他一起去，談到技術問題時，唐鳳可以立刻在旁解
釋，所以對一家公司如何從無到有，漸漸有了逐步的認
識。然而，許多新創公司通常一開始是基於創意的想法
而聚集，在逐漸拓展過程中，往往會碰到理念不合的時
候。

　　「當時最大的爭議，就是我們要不要接受大型的外部
創投。」唐鳳回憶，當時包括英特爾（Intel）等多家公司
都願意出資他們，公司前景非常看好，但是唐鳳有不同
的想法，認為如果接受這些創投資金，短期內就必須給
出很高的本益比，而為了給出本益比，就必須去做在他
看起來是高風險的事情。

　　他當時的想法是，公司自己先自負盈虧其實也不會虧多少錢，股本絕對可以支撐一陣子，一直到公司找到真的支持他們理念的投資人，而不是純粹想出場的投資人。換言之，唐鳳的想法是，與其 IPO，不如思考若有其他組織與他們的產品理念相同，就融合整併，產生更大的社群，大家一起來維護。

　　這與一般新創公司比較不一樣的是，新創公司追求的是快速失敗，快速成功，如果成功的話，投資報酬率往往非常高，絕不會安於每年只賺一點。但唐鳳傾向的是技術上可以永續一直開發下去，而不是追求短期、高收益的做法，反而比較像是傳統中小企業的做法，也就是先求經營穩健。但因為他的想法無法與其他股東達成共識，最終，他選擇離開公司。

　　這間名為「資訊人」的公司在他離開後的短短幾年內，迅速發展成兩百人的公司，營收也衝到數百萬美元，雖然在二〇〇一年結束營業，但現在回頭看，唐鳳覺得很難以成敗論英雄，只是大家選擇的路不一樣而已。例如，很多人拿了大筆的國外資金，嘗試了很多新

的營運方式，像是拍賣網站的酷必得（CoolBid），以及後來研發的即時通訊 CICQ 等等。

唐鳳認為，如果你是一開始投資的人，可能會覺得血本無歸，但如果你是業界的人，不一定覺得是壞事，因為在短期之內，有了資金，資迅人嘗試出很多方式，讓有創意的人進入業界。例如，CICQ 這個軟體的作者高嘉良，之後對整個業界也有更多的幫助。

離開公司後，唐鳳一方面繼續到政大去聽課自學，一方面在明碁電腦擔任兼職的顧問工作，也就是在那個時候，唐鳳開始接觸到 Open Source（開放源碼）運動。

一九九七年，他跟社群一起開發自由軟體的商業模式，在台灣幾乎沒有人知道該如何執行，所以他決定到矽谷取經。當時他的想法是，他自己有這個技術，而別人沒有，想出去看看這樣的技術，其他國家的人可以怎樣的運用。這是唐鳳人生中第一次展開工作大游牧，當時他才十六歲，主要是到美國西岸，了解矽谷新創公司的商業模式，也因此接觸到不少從事自由軟體運動的工

程師們及社群，這個自由軟體運動後來延伸為開放源碼運動。

　　回國後，唐鳳在明基電腦內部成立傲爾網公司，組成一個五人小組的團隊，專門服務對開源軟體（Open Source Software）有需求的客戶，並提供諮詢及教育訓練，等於是在內部創業。傲爾網成立不久之後，接到最大的訂單是中研院，也就是開放源碼的自由軟體鑄造場，所以又再把他帶到 CC 授權（Creative Commons license，創作共用與分享）這些社群裡。在這個過程中，他覺得最有意思的是，相較於民間企業以股東權益為優先，在這個生態圈裡，他看到政府在發展所謂的重點產業時，是以最大化人民福祉為目的，這讓他在工作上有了全新的思考。

　　另一方面，工作之外，唐鳳也積極開發當紅的網站程式語言（Perl），並加入全球 Perl 社群。二〇〇五年，二十四歲的他，決定展開 Perl 壯遊計畫，也就是到世界各地去拜訪資訊科學家，透過環遊世界的方式，結識更多程式高手。

這是他第二次展開工作大游牧，用將近兩年的時間，走訪全球二十個城市，從台灣到日本、奧地利、以色列、特拉維夫、愛沙尼亞等地方。照理來說，應該過著多采多姿的生活，但是唐鳳自嘲地表示，自己的環遊世界比較像是在換桌布，也就是說，他並沒有花時間去深入了解各地的生活型態。

他展開工作游牧的方式，是採用隨機法，先在日本找到一位在線上認識的資訊科學家，入住他家，請教這位程式高手專業上的問題，互相切磋後，再請對方推薦其他人，然後再換到下一站，繼續他的請益之旅。

每天，他只跟這些研究圈的人打交道，或是參加當地的研討會，因為他在意的是這個研究本身，思考的也多半是在這邊工作要做到什麼階段，然後下一棒要找誰繼續這個工作。這次的工作游牧經驗也啟發他重新看待工作這件事。

網路時代知識無法囤積，
一定有人會找到解方分享出去

傳統的工作方式就是集中在一個場域，大家分工合作，但是網路時代，唐鳳透過這樣的工作游牧，感覺大家都是同一個部落，只是碰巧在不同的地方、時區，也因此，每到一個新的地方，他一點都不害怕，因為在那邊一定可以找到類似族人的感覺。

在親身體驗這種「黑客」、「開放式創新」的文化後，讓他每到一個地方就更堅定，無論當地生活習慣如何不同，總是有人與他是同一族群。這兩次工作大游牧，一次是在兩千年之前，也就是網路泡沫化之前；一次是在兩千年之後，但兩次卻帶給他全然不同的啟發。

第一次工作游牧時，他只有十六、七歲，當時是一九九〇年代末期，唐鳳身處的矽谷，大家都在問彼此的技術有申請哪些專利？專利的壁壘是什麼？每個人都在捍衛自己的專業能力，但相隔八年之後，二〇〇五年再展開第二次工作游牧時，卻讓他走出專利壁壘的迷思，

看到新的工作未來，那就是共創與分享。

　　原本他以為，在資訊科學界有各種門牌，大家各據山頭，但他去找的這些人，做的事情卻跟他想的完全不一樣。這些來自不同地方的人，各自專精在不同的電腦語言，而唐鳳所做的則是全新的語言，但他們都非常願意將自己研究中的一部分貢獻出來。這讓唐鳳領悟到，原來世界已經悄悄從堅壁清野，走向擁抱開放的階段。他說：「學術社群有一句話：『Publish or Perish』，意思是，你如果不發表，你就消滅，也就是沒有任何學術聲望。」

　　但學術界還是有一個窄門，就是要先被學術圈認可的人，才可以給這樣的貢獻機會。換言之，當時若要在期刊上發表論文，還是得先進入某個學校才行。但是在唐鳳所處的開放源始碼的世界裡則不然，任何人即使名不見經傳，不屬於任何機構，只要有貢獻就可以了。

　　例如，唐鳳環遊世界到愛沙尼亞的首都塔林時，當地的資訊科學家正在做 Haskell 這個程式語言的下一個版

本，唐鳳因為對於多國語言的處理很有經驗，也很有興趣，立刻提供了一些想法。但沒想到的是，他只是提出了想法，他的名字就被列出來，成為 Haskell 這個程式語言下一個版本的共同標準制定者之一。

當他知道後，非常驚訝，因為他完全不屬於任何團體，只不過因為時間比別人多，想法比別人多，貢獻了一些個人想法而已。尤其，如果去看 Haskell 委員會的所有人，與唐鳳聯名比肩的都是教授、首席研究員，只有他的名字，右邊沒有列出任何大學與所屬公司。

這件事對唐鳳產生了非常深遠的影響，他發現，**原來願意分享、樂於分享，可以一下子就打破門派、學閥的概念，讓大家聚集在一起，創造更多的價值。**這趟工作大游牧讓唐鳳領悟到，網路時代，一個人如果不把自己所知的分享出去，也沒辦法囤積，因為這個世界上的另一個地方，同樣也會有人面臨相同的問題，自己不分享出來，別人也會找到解方分享出去。

從擁有技術者，到成為給予者

過去，唐鳳的思考方向一直都是：「我自己有技術，而這個技術別人沒有，那這個技術可以怎樣的運用？」但環遊世界一圈後，他徹底改變自己的想法，不再思考如何累積自己的技術障礙及專業壁壘。

他說，第一次去矽谷時，大家都會問彼此有申請哪些專利、專利的壁壘是什麼，但是後來大家逐漸朝向如何充分回應彼此需求。事實上，強調專利，反而會導致大家比較不願意分享與貢獻。於是，他也放下盲目追求技術或是專利的心態，而是去看見別人的需求。例如，他看到社群上有 80％、90％ 已經做好的現成技術，他只要去理解這個技術，再補上自己的部分，最後把剩下的 10％ 左右連起來就好，或是拿來改成符合他的需求即可。

這種分享彼此專業，共同協作的工作方式，完全打破傳統從屬關係，也沒有誰是經理人的稱呼，大家聚在一起都是為了一個相同的研究題目，貢獻所長就好，唐鳳也由此看到一個新的未來工作模式。

　　此外，二〇〇五年，矽谷軟體業界已經有一個常態的工作文化，那就是鼓勵員工上班，將 20％的工作時間，去做自己感興趣的事情，每個人都是自己研究方向的引導者，不必上級說了算。例如，Google 就公開鼓勵這樣的工作方式。唐鳳曾受邀到 Intel、Amazon、微軟研究院演講，分享他自己在工作之外的興趣，而不是立刻可以變現的商業模式。

　　這對唐鳳來說，無疑又是一個新天地，因為當時的台灣，幾乎沒有這樣的工作文化。他表示，台灣純軟本來就少，企業向來以硬體開發的週期來開發軟體，對於軟體工程師還是用製造業的思維對待。例如，希望員工待在辦公室，直到老闆下班才能下班，更遑論像美國矽谷許多公司公開提供工時的 20％，讓員工自由鑽研興趣。

世界已經悄悄從堅壁清野，走向擁抱開放的階段。

　　有了這些深刻體驗，第二次環遊世界歸來後，唐鳳一方面幫銀行寫一些程式，一方面

繼續 Perl6 的研發。但那時的她（編注：二〇〇五年之後，唐鳳已宣告跨性別，故以「她」稱之。）對工作想法已有了極大的轉變。

第一個改變是，從擁有技術者成為一個給予者。過去，唐鳳寫程式非常快，但現在她反而認為結果不重要，重要的是過程的分享，所以她在部落格寫文章時，會盡量把自己的思路寫清楚一點，讓大家理解她在開發一個程式時，背後究竟如何推論。表面看起來，她的生產力降低了，因為她寫程式的速度變慢了，但她把思路與理念寫得夠清楚，放在網路上，讓全世界更多的人可以參考她所寫的文件。她說：「你的理念講得愈清楚，就會有愈多人一起加入。」

果然，雖然這些新手寫程式的速度不如唐鳳快，但是透過分享與學習，來自不同時區的人，大家一起花時間研發，加起來的能量絕對超過一己之力。讓她印象深刻的是一位叫做章亦春的軟體架構師，之前從未接觸過 Perl6，但他用手抄方式，將唐鳳他們在網站上發表的文件全部寫下來，等於是將大家的思路從頭走一遍。「他這

樣子的方式真的很有用，後來變成世界級的架構師。」唐
鳳說。

共創：體驗遠距工作帶來的職場新文化

　　第二個改變是，唐鳳決定遠距工作。這是因為她看
到全世界與她相同愛好的人，都是因為研究主題而聚集
在一起，協同合作，平常則各據一方不受打擾，這正是
她理想中的職場工作方式。

　　二○○八年，唐鳳在自己的部落格裡宣布：「我要在
家上班了，有沒有人
要讓我在家上班？」
沒多久，Facebook 與
Socialtext 這兩家公司
相繼遞出邀請，歡迎
她加入，而唐鳳選擇
了 Socialtext。

一個人如果不把自己所知的分
享出去，也沒辦法囤積，
因為別人也會
找到解方分享出去。

　　Socialtext 是一家位於美國加州，專門設計企業社交軟體的公司，協助企業在公司內部建置聊天室與社群平台，營造一個共同工作的空間環境，並在企業安全網的架構下進行，員工無論遠距工作或是在辦公室裡，都可以透過這個共享工作空間，在上面聊天與分享資訊，並累積專業知識，加強內部溝通，可以說是提供企業內部兼具 Facebook、Twitter、Wikipedia 三項功能的軟體公司。

　　兩家公司性質都很像，都是在做社群軟體，不同的是，Facebook 免費提供社群軟體給大眾使用，而 Socialtext 提供企業需要收費的軟體與服務。為什麼唐鳳決定選擇加入 Socialtext ？

　　「當時 FB 的論點是所有的人都可以免費用，而 Socialtext 則是要付錢，才可以使用這些工具。」然而唐鳳很清楚，所謂的免費並不是真正的免費，而是由別人出錢，這個別人就是廣告商，包括想要影響政治局勢的廣告商，這是大家都知道的事。換言之，因為 FB 還是得賺錢，只是必須從廣告商這邊賺錢。所以，其實所謂的

免費，並不是真的可以自由地使用，而是把支配權交出來給付錢的人，所以情況更不好，反而會付出更大的代價。

另一方面，雖然 Socialtext 是提供工作軟體給大企業並收費，讓大企業可以在內部架構一些相當於 Facebook、Twitter 等社交平台，並把它變成工作流程的一部分，藉此累積專業知識。收費的好處是，至少企業知道，提供軟體的廠商與它的價值是一致的，如果軟體廠商把企業的個資賣掉，對它沒有好處，因為會損失收入，唐鳳比較買單的是這樣的工作理念。

從二○○八年加入 Socialtext，到二○一六年入閣，加入政府團隊之前，唐鳳在 Socialtext 工作了八年。這也是她正式展開遠距工作生活，住在台灣，卻與來自全球九個時區的同事一起在線上工作。值得一提的是，Socialtext

你的理念
講得愈清楚，
就會有愈多人
一起加入。

一方面提供員工遠距工作環境，一方面員工也負責為企業研發適合遠距工作的工作程式，唐鳳說：「等於是自己釀的酒，自己喝。」相較於台灣企業這幾年在疫情的影響下才開始接受遠距工作的新型態，十幾年前在 Socialtext，唐鳳很早就體驗到遠距工作帶來的職場新文化。

把每個員工當成創業夥伴對待

剛加入 Socialtext，唐鳳就被公司「當個大人」這個請假守則給震撼到。「當個大人」意思就是提醒員工，「不要請太少假，因為這樣對你不好，長遠對大家也不好。但也不要請太多假，因為對公司不好，長遠對你也不好。」換言之，就是要員工自己做決定，並且為自己的決定負責。她解釋，就好比現在她經常提到比馬龍效應（Pygmalion effect，意指高期待就有高表現），如果你希望員工是你的創業夥伴，就要把他們當做夥伴一樣對待，如果還是將創業夥伴當做下屬，慢慢地員工也就是做出下屬的事而已。

　　此外，在 Socialtext 大家都是共同創業的夥伴，同事和同事間，並沒有傳統由上到下的縱向組織，而是每個人有他自己的功能，自己做決定，也自己負責，自然也就沒有人來批准你的假單。傳統的績效考核在這裡並不存在，也不存在升遷制度，每個人的價值，建立在他的貢獻度上。每個人要做什麼事，每雙週全都已經放在線上的看板上，所有人都看得到彼此的任務，每完成一點任務，表列也會跟著移動，每個人的工作進度一清二楚，這就是為什麼他們開會時，只問三個問題：「你昨天做了什麼」、「你今天早上做了什麼」、「有什麼卡住的地方」，而不會問：「你明天要做什麼？」，因為看板上都已經一清二楚了，開會只是要確定彼此當下工作的狀態，以及是否需要幫助而已。

　　而每兩個星期的開發期結束之後，大家會舉辦一個線上回顧會議，回顧專案過程中，自己貢獻了什麼、搞砸了什麼，然後每個人將它寫在共筆（可線上多人同時編輯作業的平台）上，大家再針對這個共筆進行討論。討論的目的也不是為了給誰加薪，只是檢討這兩個星期犯過的錯，如何在接下來的兩個星期不要再犯；做得好的

地方，在接下來的兩個星期將它制定成制度，如此而已。

　　雖然進行一個專案，必須和來自九個時區的同事一起合作，但只要彼此講清楚可以共同開會的時間即可。例如，唐鳳會留下可以跟大家同步的時間，所以如果有問題找她，就知道要預約那個時段。當時的遠距工作環境，頻寬沒有那麼高，幾乎都用純語音的方式來溝通，也不像現在在疫情的催生下，視訊等各種遠距溝通的科技工具應運而生。

　　唐鳳說，純語音的線上溝通，大家表達會比較容易，如果是視訊，大家還得為了端正形象，多花一點時間在打扮上。當時也沒有像現在叫做 Copilot 的環境，也就是只要寫幾行程式、加幾個注解，按下「enter」，AI就幫你把剩下的寫完，當年則是採用接力賽的共筆方式，大家合力一起完成專案。

　　因為是自己釀的酒，自己先喝。唐鳳在 Socialtext 工作時，因為很多同事都是遠距工作，他們研究的也是關於遠距工作的使用工具，結果發現，遠距要克服的其實

是孤單這件事，工具反而容易解決。當時他們提出的是
「共享現實」的解方，也就是大家約定好同一時間，一起
在線上建立共同在場的感覺，像是一起開一瓶紅酒慶
祝，或是一起享用食物，雖然空間不同，但是透過語音
或是其他方式的共感營造，可以把熟悉的感覺帶回各自
所在的時區，就可以降低孤獨感。

　　除了營造與遠距同事間的共感之外，唐鳳在線上也
有不同的朋友圈，這些線上團體的特點就是隨時都在，
只要花時間進去，就能共同體驗；例如，g0v 的 slack 頻
道，唐鳳沒事就會上去看一看，跟大家互動；有時他們也
會架 Gather Town（線上擬真辦公室），也就是每個人選
一個代表自己的小玩偶，大家可以在裡面走來走去，互
相聊天，也可以在這個擬真空間裡舉辦各種大型活動，
讓想玩的人，隨時都可以加入。

　　這種除了自己生活或是上班之外所營造的「第三空
間」，無論是在上面聊天，或是進行遊戲及娛樂，透過這
個線上共享的空間，都能降低遠距帶來的孤獨感；更何況
就算不花時間，這些線上團體還是會持續經營下去，隨

時都可以加入互動,這與一個人玩電腦遊戲的感覺不同,因為玩電玩,一旦關機後,原來的東西就不存在了。

共感:善用科技工具,
建立工作流程,營造共同空間

唐鳳在 Socialtext 工作八年,同時也擔任蘋果 Siri 團隊的顧問等工作。這段期間,科技產品不斷問世,也為全球職場帶來新變化。

二〇〇八年,3G 手機問世,移動通訊普及;二〇一〇年,Instagram 問世;二〇一二年 LINE 等社群平台相繼席捲全球;二〇一五年,直播平台熱潮及共享經濟興起,溝通不僅更普及,溝通路徑也更加扁平化,這種變化也為職場帶來全新的改變。

以 Socialtext 這家位於矽谷的軟體公司來說,其服務對象多是五百大企業,當時有一個令這些大企業非常困擾的問題,那就是最資深、最有管理意願的元老員工與

主管，等到他們退休時，下一代年輕員工雖然可以承接工作流程，卻不見得能夠傳承企業文化。原因在於年輕一代對接任管理職愈來愈沒有熱情，也沒有太大野心再往上爬，認為這只是消耗自己的職位。結果導致原本這家公司一開始創業時強調的價值、信念，或是引以為傲的企業文化，隨著新一代的加入，慢慢被稀釋。

加上公司賴以生存的專業知識，傳統企業是綁在員工身上，隨著員工相繼離職或是退休，他們的專業知識也跟著消失，繼任者無法透過前員工累積的專業知識基礎，學習專業知識與文化，這也是多數大型組織 CEO 最擔心的問題，因為當年有工作熱情，才會擔任 CEO。因此，當時在 Socialtext，唐鳳和他們喊出了 In the flow of work（進入工作流程），為的就是要彌補企業的這項缺失。

所謂進入工作流程，並非為了取代員工現有工作習慣或是流程，而是營造一個共同的工作空間，讓員工不管是透過遠距視訊或是其他方式，都可以在這個共同工作空間上，累積大家的工作文化與專業知識，確保每個

人的貢獻可以讓更多人看到，而後來加入這家企業的新員工，也可以在不打擾其他人的情況下，就能透過這套傳承公司文化的載體，自然融入企業文化中。

唐鳳指出，特別是很多剛踏入職場的員工，能動性多半很好，所以重點並不是要如何管理他們，而是如何管理他的管理者，來確保員工的能動性不會在組織裡被消磨掉。所以，企業與其頭痛員工不想擔任管理職，不如設計一套工作流程與共同的開放空間，將公司覺得重要的工作文化，靠這套軟體或是硬體自動實現，管理者也不必耗費太多時間去緊盯每個人的工作進度，或是花時間在解決別人的問題上。

如果在二〇〇八年問唐鳳在工作上想達成什麼？她的回答會是，當時他們正在做促進人與人之間可以互相共感、協同合作的工具軟體，目的是希望這套軟體不只是服務有能力在組織裡導入這些軟體工具的人，而是希望服務所有人，但這個所有人的前提必須是，有能力自己決定，任何人都可以使用的一些開放創新空間，而不是靠有錢人付月租費，或是免費提供大家使用，再依靠

廣告商或其他地方來彌補營收，這就是為什麼唐鳳決定加入 Socialtext 的原因，至少，她可以提供一套類似工作軟體，讓企業員工可以在內部使用。

　　但現在問唐鳳，她就不會這樣回答了。主要是因為，技術或工具雖然是必要的基礎，但並不是這些基礎都具備好了，社會就覺得非用不可，或是大家就覺得這樣的方式比較好。所以後來她改變想法，認為與其研究一套如何讓大家擁有創新空間的協同工具，不如從源頭去努力，讓大眾全面理解，並充分感受到跨域協同的重要性。再擴大一點來看，今天我們面對任何結構性或全球性的問題，如果還卡在以主權、組織邊界，或是線性思考為主，而不是用跨越組織邊境、跨越部門邊界等方式來處理，是無法解決問題的。

　　「與其說是理想，不如說是我感受到的事實與徵兆，」所以唐鳳後來不斷努力讓大家充分發現，有很多事情不一定要卡在那些慣性思維，尤其卡在並不是一個讓人高興的狀態，而是充滿否認或對未來的恐懼。她想提供更廣闊、更有可能解決問題的協同方式，雖然不一定是萬靈

丹，但至少是繼續往前，引導到有創造能量的思考方式。

　　這也是她在二〇一六年入閣擔任數位政委，進入政府機構服務後，試著導入新的工作管理術，讓日理萬機大小事情的政府，可以有效率地持續往前推進。

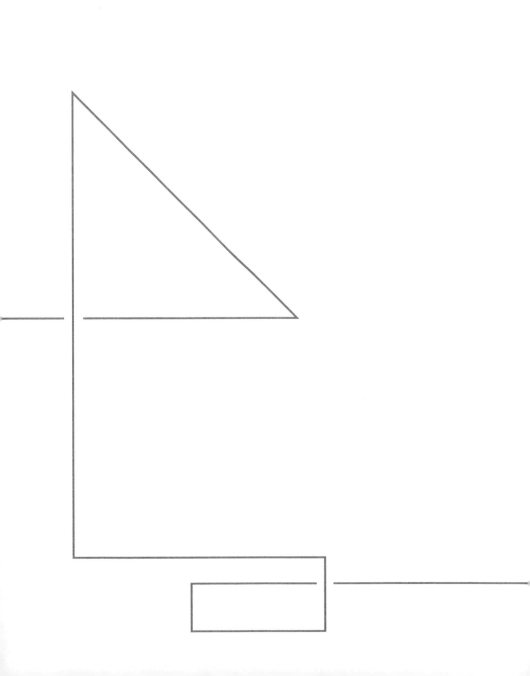

成為時間的主人：
主導自己的人生

從唐鳳的一天如何展開，便能窺見她如何在日理萬機的大小事務中，既能有效率地完成工作，還能兼顧對生活品質與自我學習的要求。

二○二○年，媒體報導唐鳳以「番茄鐘工作法」管理時間，在社會掀起熱烈討論，不僅讓許多人認識番茄鐘工作法的高效能，也對唐鳳有了落地的新認識。原來，聰明的時間管理，不僅是唐鳳保有清晰思慮的方法，也是她不被工作綁架，成為自己生命主導者的關鍵。

善用新服務幫你省時

事實上，對深諳數位世界的唐鳳來說，增加工作效能有很多方法，番茄鐘工作法，其實只是她時間管理魔法盒中的其中一種。從唐鳳的一天如何展開，就能窺見她如何在日理萬機的大小事務中，既能有效率地完成工作，還能兼顧對生活品質與自我學習的要求。

　　過去，唐鳳因遠距工作的關係，必須跨時區與大家線上溝通，凌晨以後才能休息，但因為身體需要，她通常會睡滿八小時才起床。自從擔任政務委員後，由於每天得準時九點上班，所以她是這樣安排一天的時間：

　　每天早上大約七點起床，起床後，她也不急著起床，會留一點時間給昨晚做夢時，夢境裡可能產生的新想法或是創意，趁著記憶還清楚，趕緊將它記錄下來，寫好後，再起床吃早餐，準備中午便當，然後走路去上班。

　　唐鳳對時間結構的掌握，不僅應用在工作及睡眠上，她甚至把每日便當的食材，外包給專業公司去處理，就是希望自己更能掌控時間。

　　準備便當這件事，幾乎不花唐鳳什麼時間，大概只要十分鐘以內就可以做好。這是因為二〇二一年年初，唐鳳的辦公室舉辦了一場進駐團隊說明會，讓每個團隊上台分享他們的新創想法。唐鳳在這場發表會中發現「享廚好食」這家新創公司，其營養師規劃三餐的方式，

可以幫她節省很多時間，解決她生活上和飲食上的痛點。

於是，唐鳳就直接跟這家新創公司訂購食材，他們每週就會按照她想吃的東西，事先將食材洗好、切好，然後配送到家。而唐鳳只需要做一件事，就是把食材放進冰箱，每天早上起床時，只要拆開一包當天便當使用的食材，丟進鍋裡，十分鐘之內就可以快炒完畢。最近，她更把做便當的時間控制在兩到三分鐘內完成，她笑說：「我現在主要是用拌的，所以用的時間更少，可能只要兩、三分鐘就好了。」

在她看來，切菜這件事，無論是她自己切，或是別人先把菜切好，都沒有太大差別，除非有特定的目的，例如為了擺盤或是雕花，否則唐鳳並不想花太多時間在準備食材上。她透過「享廚好食」，把備菜這種比較機械性的事務，交給專業公司處理，至於如何調配佐料及混搭各種食材，就是料理者可以自行決定的創意。

自己動手料理既健康，也是一種放鬆

　　這兩年興起美食快遞服務，對很多人來說，享受美食變成是一件很方便的事，但是對唐鳳而言，美食外送還是不夠快。因為她認為，吃應該是隨時隨地想吃時，就可以馬上動手料理，從想吃到吃到，中間的時間距離必須夠短。換言之，如果事先有專業營養師幫你調理好食材，想吃時，打開冰箱，立刻調理，就會比等待外送送達的時間還要快。

　　「如果食材都事先配好，料理所需時間也會變短，我覺得就會改變很多人養生的習慣。」唐鳳認為，很多人壓力大就點外送，或是在社群媒體上看到有人放宵夜文，就跟著去點炸物，其實無形中造成身體很大的負擔，但如果交給專業營養師準備食材，就不必擔心身體缺乏營養，或是亂吃，精神也會比較好。

　　除了節省時間與更健康之外，訂購食材還帶給唐鳳另一個好處，那就是下班時，從工作場域的緊繃狀態到回家，準備晚餐是一個很好的放鬆過程。過去，她放鬆的方

式不是聽音樂，就是上網留言，但從備菜到完成料理，也讓她有逐漸放鬆的感覺，於是做菜也成為她放鬆自己的新習慣。

成為時間主人的番茄鐘工作法

早上做完便當後，唐鳳又是如何展開一天的工作？首先，她會在上班前看一次 LINE，下班後再看一次 LINE，但是上班時，她從來不看 LINE，認為無論是 LINE 或是 WhatsApp，許多人都是還沒想清楚就開始對話，不斷地獲取彼此的注意力，而在上面花最多時間的往往是把字打完，當邊打字邊想時，又必須即時回應對方，大家都處於分心狀態，而分心狀態是無法有效率地處理好一件事。所以她一天才回兩次 LINE，就是希望大家想清楚再跟她說，才不會彼此浪費時間。

開始工作後，她會使用番茄鐘工作法，將一天上班的時間分成幾個番茄鐘，事先規劃好工作進度。番茄鐘工作法是法蘭西斯科·西里洛（Francesco Cirillo）一九

八七年念大學時所發明的一套方法。當時他正在準備考試，有三本書要讀，但他一直心浮氣躁，不斷分心，無法專心讀完一個章節，於是他從廚房裡拿了一個番茄形狀的料理定時器，先設定十分鐘，讓自己在這段時間內專心看書，不做其他事，沒想到很有效，幫他通過了考試。後來他也不斷實驗，最後發現設定工作二十五分鐘、休息五分鐘，是最有效率的時間管理方式，並開始傳授這套工作術，二〇〇六年，更出書介紹這套工作法。

　　法蘭西斯科・西里洛沒想到的是，這個簡單的時間管理術竟然在短短幾年內風靡全球，很多人都拿著這套方法來管理時間，《紐約時報》甚至特別介紹了這套工作法。這讓他領悟到，現代人受到各種科技工具干擾，導致大家日夜無休地接受各種訊息，以致大腦無法好好靜下心來專心做事。

　　番茄鐘工作法之所以受到大家的歡迎，是因為二十五分鐘的時間設定不長也不短，正好可以專心工作，在這二十五分鐘內，如果有外界的訊息進來，或是臨時想到有其他事要處理，二十五分鐘告一段落之後再處理，

也不至於耽誤事情或來不及。只不過,這套風靡全球的時間管理術當時在台灣並沒有引起關注,直到二〇二〇年疫情蔓延,全球開始進入遠距工作時,媒體報導資深的遠距工作者唐鳳很早就善用番茄鐘工作法管理時間,番茄鐘工作法才開始受到矚目。

使用番茄鐘工作法的唐鳳會在二十五分鐘的工作區間集中精神做事,不分心看email,手機也設定在勿擾模式,當中不會跳出手機通知或來電顯示。二十五分鐘後,也就是一個番茄鐘結束時,她才會給自己五分鐘的休息時間,看一下email和回覆信件。休息五分鐘後,再繼續進行下一個番茄鐘的工作。

使用番茄鐘工作法的好處是,一個番茄鐘的時間長度不算太長,所以如果二十五分鐘內沒有回覆email,也不算失禮。畢竟使用番茄鐘工作法是為了專心做事,所以二十五分鐘內不能被打斷。但天常有不測風雲,好比突然發生地震等等,如果工作被打斷,唐鳳就會取消這一個番茄鐘的設定,將本來要做的事延到下一個番茄鐘時段去做。例如,本來今天上班預計要完成七個番茄

鐘，做到第四個時被打斷了，那就把第五個番茄鐘變成第四個。

至於，休息的五分鐘唐鳳為什麼是看 email，而不是看 LINE？這是因為大家寫 email，不會只寫第一行就送出，而是會寫完一個段落才送信。所以她每工作二十五分鐘，就會花五分鐘即時回覆 email，每次看到的郵件都是來信者寫好的完整脈絡，也可以判斷兩分鐘之內是不是可以處理完。如果可以就來處理，如果處理不完，誰比她更適合處理，她就馬上把信件轉寄出去，讓那個人來處理，因此很快就可以把大部分的 email 回完。

晚上七點下班前，她會再次看過全部的 email，但下班後是自己的時間，就不再看 email 了。這就是唐鳳的一天，她是透過主動掌握時間結構，不被時間牽著鼻子走，讓自己更有效率的完成「今日事，今日畢」的目標。

用觸控筆滑螢幕，避免過度使用 3C 產品

唐鳳還有一個節省時間的方法，這是一般人習而不察、卻非常值得深思的事，那就是她下班後使用 3C 產品時，除非螢幕需要放大或縮小才用手指，否則她一定堅持用觸控筆來取代手指滑動螢幕。而且即使是使用 iPad，她也是通過鍵盤或 Apple Pencil 與 iPad 進行互動。之所以有這些堅持是因為唐鳳有意識地避免以手指直接碰觸 3C 螢幕。

蘋果創辦人賈伯斯有一句名言：「我們天生就擁有最好的點指裝置，那就是我們的手指。」但為什麼唐鳳要捨棄手指，反向使用觸控筆？而觸控筆和節省時間又有什麼關係？

賈伯斯提出觸控螢幕時，大家對於隨時、隨身上網的觸碰螢幕還沒有任何體驗，但它所造成的負面效果，卻隨著頻繁使用 3C 產品日漸被發現。唐鳳很早就明白，如果直接以手指與觸控螢幕互動，大腦會誤以為手機是身體的一部分，手指所收到的所有刺激也會變成身體的

一部分，這就會導致我們一直無意識地滑動螢幕，看到超連結就會想要按下去，看到紅色圈圈裡面有個數字也會想要按掉，不會停下來稍微想一想。

這很像打地鼠，只要看到特定螢幕上的樣式，就覺得非要用某種方式互動不可，讓大腦愈來愈分不清楚虛擬與真實的界線，結果使得我們沒有餘裕進行創造性的思考。這也是為什麼唐鳳要在裝置設備與她之間設立一個屏障，不論是觸控筆，或是聲控或鍵盤都可以，只要不是用手，就不會覺得是身體的一部分，藉此避免與觸控螢幕直接接觸，以防使用 3C 上癮。

也就是說，以觸控筆做為屏蔽，使用者比較能回歸理性，隨時可以抽身去做別的事，而不會不自覺地一直滑手機，浪費許多無謂的時間。至於如果已經是 3C 上癮者，唐鳳建議，不妨使用番茄鐘工作法，每二十五分鐘提醒自己休息一下，離開螢幕，去做別的事。

清除臉書介面，不被雜訊干擾

唐鳳還有一個節省時間的方式，那就是使用臉書的方式。

唐鳳也使用臉書，但是登入她臉書的首頁會發現，她的臉書介面非常乾淨，旁邊完全沒有任何廣告在上面，和一般人的臉書首頁介面，充斥著各種廣告，完全不一樣。她是怎麼做到的？

身為自由軟體設計師，這對她來說再簡單不過，她在自己的瀏覽器上開了一個外掛，用 FB feed eradicator 軟體，清除 FB 的介面，將 FB 的牆面都拿掉，並換成一句勵志格言。這個動作也是為了要拿回生活的主動權，讓 FB 完全沒辦法蒐集到她的資料與軌跡，既不會被演算法綁架，也沒辦法利用廣告操弄她的情緒。

大家都知道網路上，「凡走過必留下痕跡」，我們滑臉書時，通常會不斷有推薦影片與廣告干擾我們，吸引我們將注意力停留在上面愈久愈好。但對唐鳳來說，這

並不必然成立。例如，今天她想關注一件事，打入關鍵字後，進入到那個關鍵字的專門頁面後，就是一對一的關係，並不會因為她打了這個關鍵字，就因此在臉書介面上冒出一堆推薦廣告，吸引她的注意力。

唐鳳很清楚，臉書之所以不斷推薦廣告與影片吸引使用者注意力，背後原因是因為它養了一個專門針對使用者的人工智慧機器人，使用者在臉書上捲動頁面時，包括在哪一個頁面停留多久、是否點閱進去，都會成為餵養它的環境，讓它愈來愈了解你，並不斷拋出讓你感興趣的東西，當注意力不斷被冒出來的新東西給攫獲時，就會導致現代人不容易專心做一件事。

現今社群網站幾乎是大家生活的一部分，工作時也會經常滑一下手機，看看社群網站的動態消息，而且大部分人的手機

與其被時間追著跑，不如主動掌控自己工作與生活節奏，生活才有餘裕，才會更快樂。

都裝了至少一個以上的社群媒體，導致大家才剛點閱進去一個頁面，都處於沒看完內容的狀態，就開始好奇另一個社群媒體是否又有新的東西進來，或是在另一處討論是否有新的進度，結果使得我們無法專注工作，陷入注意力缺失的狀態。

唐鳳曾經引用阿德勒（Alfred Adler）的一句名言：「除非你運用紀律，讓你的心靈自由，不然無法達到真實的自由。（**True freedom is impossible without a mind made free by discipline.**）」這也是唐鳳認為，與其被時間追著跑，不如主動掌控自己工作與生活節奏，生活才有餘裕，才會更快樂。

主動掌握時間結構，才能拿回時間主導權

唐鳳的一天，看起來跟大家一樣，都是朝九晚五地工作，但是觀察她所使用的番茄鐘工作法、以觸控筆取代手指滑動螢幕、清除臉書介面，以及訂閱「享廚好食」食材配送服務，可以發現，拿回時間的主導權，重新安

排時間結構，一直是唐鳳日常生活中很重要的思考，無論食衣住行皆是如此。

她說，每一個人習慣的方式不一樣，有些人能夠快速切換不同頻道，可以一心多用，這不是壞事，但她不是這樣的人，從「傾聽」、「學習」、「理解」到「反應」，她沒有辦法那麼快速切換這四個階段，需要一段時間才能切換。碰到新的刺激，她的情緒也會波動，所以她一定要給自己時間，讓情緒慢下來，再去處理它。

也因此，她認為，每個人都要有自知之明，尤其是成年人，對自己的認知模式要有一定的了解。從掌握自己的情感、認知，以及注意力中間的頻率是什麼，找出自己習慣以哪一種方式做事。如果一次只能專心處理一件事，那就把一件事做好，再進行其他的事，運用現在許多好用、方便的科技工具，為自己訂定時間節奏，有效地達成每件工作。正是因為她主動掌握時間結構，拆解成適合她的節奏，所以她可以專心完成許多事情，這也是她做事如此有效率的祕訣所在。

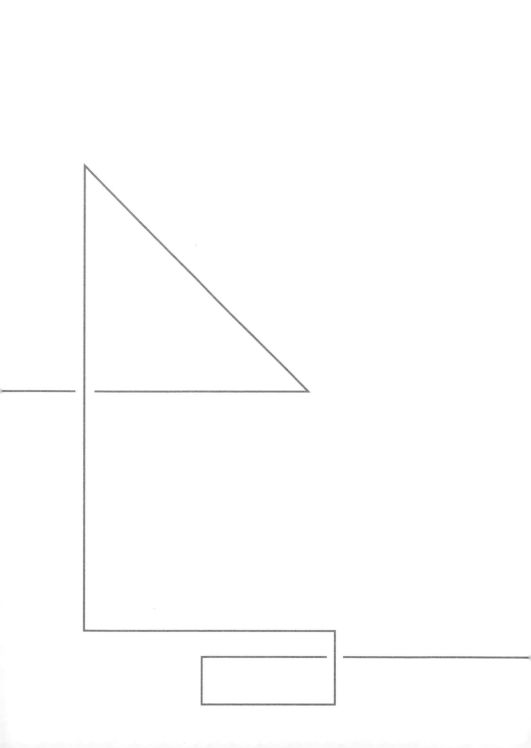

Chapter 6

維持專注力與好情緒的必要：
GTD 工作法和精神按摩法

一天當中，無論工作或生活，總是有來自四面八方的感受，這些感受無論好壞，都會影響我們的情緒，如果沒有管理好，也可能會減低我們的工作專注力。高 EQ 的唐鳳，除了本身的素養之外，她其實也有一套自己管理心情的方式。

二○○八年，唐鳳加入總部位在美國加州矽谷的 Socialtext 軟體公司時，當時她負責寫 Socialtext Desktop 工作程式，設計一些像 LINE 或是 WhatsApp 這類即時通訊軟體，提供一個有關注意力管理（attention management）的工具，希望讓使用者在有限的時間裡，可以很有效率地處理更多事情。

然而，他們沒有料到的是，如果只有一種通訊軟體，對工作生產力很有幫助，但如果同時使用兩、三種通訊軟體，生產力就會降到谷底。唐鳳解釋，當你的手機裡灌了三種以上通訊軟體時，就會產生注意力攫取的問題，會使人甚至無法好好看完一則訊息。因為很可能

一下子會有 LINE 進來，需要你回覆，一下子又顯示收到新的 email，簡訊也時不時來提醒你，當這些通訊軟體不斷騷擾你時，就會落入一個沒完沒了的循環，在你正在回覆這個訊息時，另一個通訊軟體又響起來。

當使用者隨時切換到不同的脈絡，思路就會被打斷，而一旦被打斷，就會陷入「注意力缺失」的狀態。唐鳳使用番茄鐘工作法，就是為了對峙這種注意力缺失的狀態，尤其疫情之後，世界已經進入遠距工作的時代。重要的是，遠距工作改變的不只是將工作地點從實體辦公室搬到另一個空間，它真正改變的是，彼此對時間結構的認知。

唐鳳認為，免於被各種訊息打擾，對於遠距工作者非常重要。因為管理者如果還是想維持著「我在辦公室隨時走到誰身旁，誰就要立正站好」的管理心態，當員工都改為遠距上班時，就會變成「我任何時候傳訊息，他就必須立刻回覆」的心態，但是，這兩種情況完全不一樣。因為在實體辦公室時，老闆可以走到員工身邊，員工的注意力百分之百會在老闆身上，但遠距工作時，

員工在另一端回覆老闆時，可能電腦同時還另外開著三個視窗，這時可能只有四分之一的注意力是在老闆這裡，反而會讓人陷入分心的狀況，工作品質也就會愈來愈差。

尤其，工作若經常被老闆或同事打斷，就會把員工手上正在進行的工作進度削減一些，打斷幾次後，進度就沒了，所以，事先擬好時間結構，例如讓番茄鐘來幫員工設定好時間結構，不但是為了增進工作效率，也是維護生活品質重要的一步。

除了維持自己的時間結構，遠距工作時代，唐鳳也給大家一個很重要的提醒，那就是每個人都有自己的時間結構，看不見彼此時，更要尊重彼此的時間結構。舉例來說，她的時間結構是每半小時才看一次訊息或回覆email，如果對方期待她每五、六分鐘就要回應一次，結果就是她並不會看到。

「這個一開始就要講，不能期待別人會腦補。」唐鳳表示，遠距工作不同於實體之處在於，面對面時，對方

向你提出需求，如果你面有難色，不用講出來，對方看你的樣子或反應，就知道你無法接受，但遠距工作隔著網路，你面有難色，對方也看不到，如果你不講清楚，對方根本無法察覺，這就會導致工作上許多的衝突。

所以遠距工作，彼此對於工作的邊界設定，一開始就要講得非常清楚，即使對方不習慣，還是要堅持從一開始就先設定好，慢慢大家就會發現，這樣的堅持是有道理的。

「你不能靠讀空氣，因為遠距的空氣無法讀取。」唐鳳幽默地說。

給自己緩衝時間的工作節奏

事先安排時間結構，也適用於跟老闆談工作方式的安排。例如，二〇一六年，唐鳳在入閣前，就先談好她入閣的其中一個條件，就是每週三與週五是她遠距工作的時間，希望這兩天不必到行政院辦公室工作。

　　為什麼她要堅持一週必須留兩天的時間遠距上班？她解釋，接下數位政委這個工作，雖然工作內容是她熟悉的領域，但她必須要看來自各地方政府及局處許多新的材料，即使她擅長的是資訊處理，但並非這些議題的專家，所以她一定要精讀這些材料，並且學會相關知識才能有所回饋。

　　面對需要學習的新事物，唐鳳解除焦慮的方法，就是跟它好好相處一段時間。她認為，新事物並不一定難以理解，而是你有沒有給自己一段時間跟它相處，去好好理解那些知識或資訊，其實只要給自己一段時間跟它好好相處，學任何東西都是很容易的。

　　問題是，她發現即使每天準時九點上班、五點下班，在行政院裡，若想要好好吸收這些嶄新的資料，就必須自己掌控工作節奏。但如果她在辦公室，即使手機關機，同事也會隨時進來辦公室找她，或是長官若要臨時召開會議，她也必須中斷自己的工作配合大家。於是，她就把一週的工作時間拆解成符合她的工作節奏，例如週一、週二及週四，這三天的工作時間，她會專門

用來和同事們討論或開會，但每週三和週五，她就會遠距工作，自己找一個地方，心無旁騖地去吸收消化新知。

「這樣部會同事給我這一些材料，我才不會突然覺得又有新東西、新事件發生了，我要急著反應。」她透過給自己每週兩天的緩衝期，例如，週二看到一個狀況，她可以利用週三好好想一天，到了週四，就可以想出要用什麼系統去處理，也就是給自己一個處理事情的工作節奏。

值得一提的是，除了番茄鐘工作法之外，她同時還會使用「GTD（Getting Things Done）工作法」，協助自己記錄待辦事項的輕重緩急。

GTD 工作法是二〇〇一年，擔任管理顧問與高階經理人輔導教練多年的大衛‧艾倫（David Allen）在《*Getting Things Done*》

> 每個人都有自己的
> 時間結構，
> 看不見彼此時，
> 更要尊重彼此的
> 時間結構。

一書中所提出，他結合上萬名使用者的經驗，加上認知科學的研究支持與驗證，轉化成實用且簡單的個人化管理系統，可以說是一種行為管理法。

大衛‧艾倫之所以創造這套工作法主要是因為，每個人腦海中隨時都充斥著許多待辦事項，這些待辦事項經常干擾我們正在進行的事情，讓我們分心，透過使用GTD，可以讓我們隨時將這些待辦事項記錄下來，大腦不必再去提醒自己還有哪些事項未完成，也才可以集中力氣去做正在完成的事。

簡單地說，唐鳳管理時間的方式就是，番茄鐘加上兩個 GTD 介面。一個是「收件視角」，隨時有待辦事項進來時，就趕緊記下來，然後就不再去想它；另一個是「回顧視角」，沒那麼急，只需要定期去清理需要待辦的事項即可。用這兩個視角來區分待辦事項的輕重緩急後，再用番茄鐘工作法，專心處理需要完成的事情，就能達到高效能的工作節奏了。

精神也需要按摩，才能強化玻璃心

　　值得一提的是，除了在工作上善用科技工具，讓自己更專注外，我們一天當中，無論工作或生活，總是有來自四面八方的感受，這些感受無論好壞，都會影響我們的情緒，如果沒有管理好，也可能會減低我們的工作專注力。眾所周知，唐鳳的 EQ 非常高，除了她本身的素養之外，她其實有一套管理心情的方式，她稱這套方式為「精神按摩」。

　　她說，精神按摩其實就是玻璃心的強化訓練。一般人面對負面情緒，或是當別人說中自己的心理痛點時，心中往往會出現精神分析上所說的「resistance（阻抗）」，這就像按摩時按到痛點，我們會感到痛與痠，代表我們心裡某些東西還沒有揉開，這時唐鳳會做一件事，就是在別的感官上尋找美好的經驗，或是好好睡一覺，透過睡眠的長期記憶，自動將這種不舒服的刺激聯想到比較美好的感覺，這就是她

酸民指教是一種精神按摩。

的精神按摩法。

　　例如，唐鳳爆紅後，每天至少都會有幾則酸民在留言區針對她做各種人身攻擊。十幾年前，她看到這些尖酸刻薄的留言，會讓她看了有砸電腦的衝動，只不過她說電腦很貴，她不會真的砸爛電腦，但這些言語的確讓她產生不舒服的感覺，就像是按摩時按到痛點。

　　很多人面對這種不友善的言論，當下第一個反應可能就是反擊回去，或是貼一個憤怒、草泥馬之類的貼圖，既然自己不舒服，也要讓對方不舒服，但是唐鳳表示，網路上你來我往的言辭，其實是會外溢的，也就是網路上會有很多人在旁邊觀戰，所以這種不舒服狀態，除了當事人以外，旁人看了也會跟著不舒服。

　　唐鳳的做法是，先放下這種負面情緒，改做一些其他分心的事情，這個分心的事指的是，去創造一段美好的經驗。有時，她會聽一段美好的音樂，做做瑜伽，或是泡一杯從來沒有品嘗過的新口味茶飲，先讓自己從負面情緒中跳脫，但同時也為自己創造新的記憶，日後當

她又再度碰到不舒服的刺激時，記憶也會自動提醒她，過去她在經歷負面情緒時，同時也曾經聆聽的美好音樂或是品嘗過的新茶，這時，就能將情緒轉化成開心的記憶。

唐鳳如此形容這樣的感覺：「就像在腦筋急轉彎的電影裡面，紅色的球會開始慢慢往亮黃色這邊去轉變。」當然，每個人有自己一套精神按摩的方式，有的人面對憤怒情緒時，會先數到三，深呼吸一下，或是去爬山。唐鳳和不同心情的相處方式，就是在心裡留位置給這些心情，跟它相處一段時間，直到自己能夠平靜面對它。而心情平靜後，可以就事論事時，她就能好好跟網友對話，她將這種方式稱之為「擁抱小白」（小白指白目的網友）。

面對酸民，只須回應有建設性的話語

對於酸民，唐鳳已能幽默以對，還說：「酸民指教是一種精神按摩。」她通常會從攻擊她的酸民言語裡，找尋有建設性的意見，即使十句話裡，有九句是謾罵發洩，

但只要有一句是有建設性的，她就會針對這句話認真理性地回應，而不去理會另外九句情緒性的發言。甚至，她會乾脆邀請這些會吵的網友到社創中心聊聊天，大家一起吃點心，弭平彼此不愉快的感覺。若是往後別人再用相同的方式打擊她，她也免疫了，因為她已經進行過精神按摩。

這種精神按摩就是用一種比較開心的態度面對它，而不是選擇逃避。唐鳳說，如果她跑去聽一段音樂或泡杯茶喝，卻不回來處理，這就叫做逃避，但她不是，她聽了音樂後，還是會回來處理這件事，只是一面放著讓她開心的音樂，使自己記得這個開心的感覺，再用一種比較積極的態度去面對它。

很多網友常常在網路上驚奇地分享：「唐鳳竟然留言了。」面對網路社群文化，唐鳳從十四歲中輟後，就開始長期研究網路文化，探究為什麼大家可以快速信任，又快速仇恨，唐鳳在面對酸民時，既不反擊，也不會無視以對，而是用建設性的言語回覆對方，除了將酸民拉回理性，也讓旁邊觀戰的人，能從被情緒性字眼吸引，導

引回理性的狀態，共同去探究問題真正的核心。

　　所謂「比暴力更可怕的是冷漠」，當集體對於不理性及煽動性的言論都採取冷漠以待的隔岸觀火態度時，唐鳳積極面對酸民的方式，正是希望大家了解，社群文化的養成應該建立在大家都不袖手旁觀，以及彼此提出建設性文字的留言上。

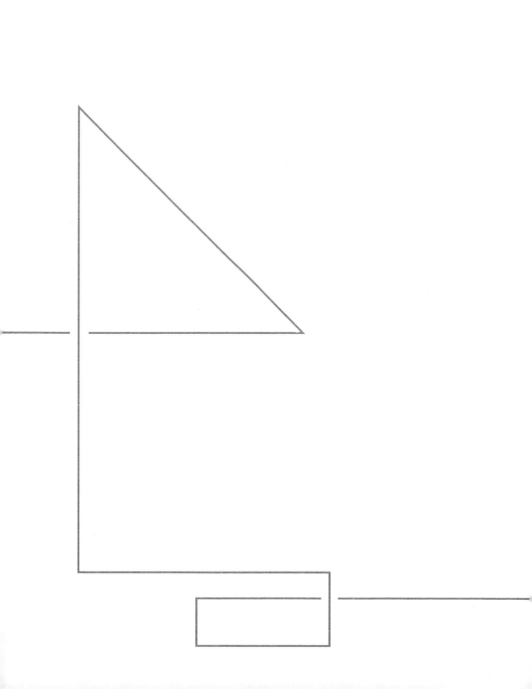

睡眠記憶法：
善用大腦的運作

唐鳳有個獨特的記憶法，也就是睡前閱讀，睡眠中就能消化這些內容，隔天記在腦中，乍聽之下很不可思議，現代人壓力大，控制睡眠已不容易，更何況是在睡眠中消化睡前閱讀的資料，唐鳳是怎麼辦到的？

唐鳳很了解自己的身體，知道自己每天得睡滿八小時，才能精神充沛地面對一天的工作，理解每一個人的話。對唐鳳來說，所有高效的工作方式，都必須建立在充足的睡眠上，如果沒有睡滿八小時，她就沒辦法完整聽懂別人講的話；如果前一天只睡兩小時，不要說四十分鐘，別人講四分鐘，她就開始恍神了，「有睡夠，每天醒來就會多一些空間，可以裝得下新東西。」

讓自己每天歸零，才可能裝載新事物

由於她每天早上大約七點起床，這意味她前一天必須十一點以前入睡，才能睡飽八小時。加上她睡前及醒

後都會留給自己一點時間，因此她每天大約十點就上床，準備入睡。

　　為了讓自己無論是在工作事務上或情緒上，都是在歸零的情況下進入睡眠，隔天睡醒後神清氣爽地迎接新的一天，唐鳳睡前一定會做下面這四件事：

1、十點以後手機關機，不是轉靜音或是改震動，而是切實地關機。因為睡前的意志力比較薄弱，會讓人不斷無意識地滑手機，反而更容易拖延睡覺休息時間。

2、睡前把所有 email、待辦事項都清空，將所有該發布的稿子都發布到網際網路上。

3、花半小時大量閱讀明天要使用到的資料或書籍，這些書籍主要是知識性，非小說類的文本或是論文，以陳述事實為主，她一頁通常以兩、三秒的速度看過，三十分鐘大約可以看六百頁。如果隔天工作需要閱讀較多資料，她就會多睡一小時。因為可以利用睡眠消化資料，隔天醒來時已經將前一天入睡時閱讀的資料，

記在腦海中了。

4、打坐二十分鐘，以釋放一天的壓力，包括開心與不開
　心的感覺都要一併釋放，才能讓自己隔天起床，不再
　惦記昨日的情緒，可以讓體內的情緒清零再出發，明
　天才會不拖泥帶水。這個習慣是從四、五歲時跟著父
　母學打坐所養成的。

　　關於其中第三件事，也就是唐鳳所使用的睡眠記憶
法，乍聽之下，一般人都覺得不可思議，現代人壓力
大，控制睡眠已不容易，更何況是在睡眠中消化睡前閱
讀資料，唐鳳是怎麼辦到的？

　　其實，不僅被腦神經醫師證實，睡眠有助於強化記
憶力，日本心理諮商師及暢銷作家石井貴士在《1分鐘超
強記憶法》這本書中也指出：「將短期記憶植入長期記憶
的過程必不可少的，就是『睡眠』。」

　　石井貴士指出，很多人熬夜一整晚苦讀，反而忘得
更快，就是因為缺乏睡眠的關係。這是因為腦神經之間

的「突觸」（synapse）在睡著後，容易互相連結，進行記憶整理。在睡眠過程中，短期記憶會自然植入長期記憶中，所以利用睡前閱讀，再經過一晚充足睡眠後，起床時，利用早上血清素分泌最旺盛的時候，再複習一次昨晚睡前的閱讀，就能收到事半功倍的效果。

此外，睡對時間也很重要，石井貴士認為，想要增強記憶，晚上十點入睡，早上五點半起床最好。因此，他建議的三明治記憶法，分為三個階段，首先，利用晚上睡前九十分鐘閱讀，然後晚上十點就寢，早上起床後的九十分鐘，再複習前晚的背誦。

睡前正確的閱讀，才能留下記憶

有睡夠，每天醒來就會多一些空間，可以裝得下新東西。

至於唐鳳的睡眠記憶法，最主要的關鍵在於，睡前如何正確閱讀。唐鳳睡前的閱讀指的是，快速大量閱

讀知識性的書籍。例如，明天開會要討論的資料，或是研究論文等。至於小說類或是詩集等內容，並不需要透過睡眠記憶法來消化或記憶。

這是因為小說及詩集需要慢慢品嘗，特別是關於聲韻類的讀物，例如一首長詩，就不得不念出來或發出聲音，這時候的閱讀，需要的是緩慢咀嚼，不適合用快速大量閱讀的方式，因為每一個音可能都有許多意思，需要細細品味。

那麼，為什麼睡眠記憶法適合睡前閱讀知識性書籍？唐鳳指出，由於知識性書籍只是描述，或是記錄事實性的東西，例如，大部分的論文、非小說的文本、教科書、歷史書籍等等，都屬於這個範疇。這類文本的每一段文字都是特定的意思，並沒有要我們讀出千百個意思，所以這個時候快速閱讀是比較適合的。

要讓睡前的閱讀都能進入腦中，有一個非常重要的前提，那就是閱讀這些知識性書籍時，必須一以貫之，不能分心打斷它，不要邊看邊評斷這段文字，或是試圖立即在

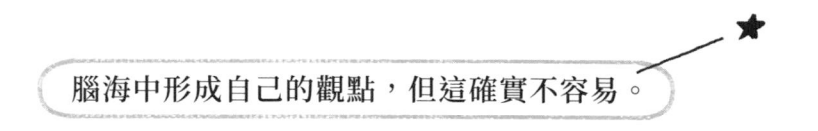

腦海中形成自己的觀點，但這確實不容易。

「難就難在不下判斷，」唐鳳表示，「如果你睡前看東西不停去打斷它，你實際上也沒有看幾頁進去，所以也就沒有什麼在睡眠裡學習的可能性。」這一套睡眠記憶法之所以成立，是因為唐鳳不打斷作者，但要做到完全不打斷，是需要練習的。為什麼閱讀時不要打斷作者？不要去邊讀邊下判斷？

這是因為當我們閱讀時，中途可能碰到作者有一個論點，你並不同意，但是或許作者還沒有發展完他的論點，要到一個章節或一本書結束時，這個論點才成立。但如果我們一面閱讀，一面在腦海裡打斷作者，看了幾頁就忙著去評論，只會強化自己本來就有的成見，看愈多，只會愈加深自己的成見。

邊看邊打斷作者的結果就是，你有你的看法，等到未來別人問你這個問題時，你還是會從自己的看法出發去回答。但是如果你閱讀這些知識性書籍時，能夠忍住不在腦海裡先批判，而是先把它充分內化或心智化，讓

你的心裡有這本書或這個作者，當別人問你這個問題時，你就可以從文本的觀點以及自己形成的新觀點去回答，看事情也就變得比較全面。

尤其是大部分知識性書籍，特別是篇幅多、事實性和描述性的書籍，通常論述背後都有個觀點，但如果你一字一句用自己本來的觀點去辯駁它，到最後這個觀點就沒辦法進入你腦中，成為你的一部分，也就無法透過睡眠強化你的閱讀記憶。

「如果你不進入作者看事情的方式，而是記得自己本來的論點如何強化，等於當做是磨刀石來強化自己本來持有的論點。」唐鳳說，你跟一本書辯論，一定會辯贏，因為作者不在場，而「你容忍跟你本來立場不同觀點的能力愈大，你就愈有能力去理解複雜的論點。」

所以唐鳳的睡眠記憶法，就是睡前閱讀知識性書籍，只專注快速閱讀，絕不停頓下來去批判。專心、不批判的大量閱讀，加上充分的睡眠時間，醒來後就不會覺得那本書的作者是作者，我是我，而會感覺到書裡的

素材已經轉化成自己可以任意運用的知識，心智化或是
內化成你的想法，而非向外尋求的東西，這是唐鳳覺得
最大的不同。這是因為清醒時，我們往往會執著於某個
特定的解決方法，或是某個特定的互動，以自己的觀點
出發來看這一件事，但是在夢裡，這個自我比較弱，就
可以用更多的角度來看同一件事。

從練習不打斷別人說話開始

　　不過，專心閱讀而不批判，其實是需要練習的。那
該如何練習？唐鳳提供的練習方式，就是白天跟人對話
時，可以試著不要在腦海裡打斷對方。例如，當我們在
聆聽時，要處在完全開放的狀態，也就是百分之百聆聽
對方，完全不去推測對方講什麼。一開始，可能會無法
克制自己打斷對方，這時可以設定一個時間，跟對方約
好十分鐘內不打斷他，但十分鐘之後停下來向對方簡述
你聽到了什麼，對方也不能打斷你，講完後，再問對方
自己聽得對不對，這即是所謂的積極聆聽法，是一套可
以透過練習學會的方法。

　　唐鳳最長可以一個小時聆聽對方而不下判斷，這也是練習而來才有的成果。她說自己並非超人，中間也會想要休息、喝點飲料，畢竟身體在專注上還是有它的極限。

　　事實上，完整聆聽並非要我們認同對方講的每個字，而是先好好聽完對方說話，讓對方把思路完整講出來，完整聽完後，與對方就會有共同的經驗，再由此出發，兩個人之間才有話可以講。如果先批判對方，或是一聽到特定字眼就像踩到地雷一樣，立刻跳起來反駁，對方的東西就不會變成你的素材。

　　唐鳳建議，「可以拿馬表量看看，你平常可以忍受和你意見不同的人對話多久，如果忍耐值只有兩、三分鐘，就把這個經驗帶到睡前閱讀，練習先讀兩到三分鐘不評斷作者，然後去睡覺，讓這兩、三分鐘成為睡眠記憶。」以唐鳳來說，她大約可以進行三十到四十分鐘的睡前閱讀，明天會用到什麼資料，她睡前就看什麼資料。

　　事實上，有很多懸而未決的問題，但白天唐鳳不會

急著做出判斷或決定，而是先接受這些想法，然後去睡覺，醒來時她對那些問題就會有一個初步的輪廓，也就是一個共同的價值觀或決定。有時碰到比較複雜的問題，她甚至還會在夢中加班，也就是讓自己多睡一點，睡滿九個小時。

　　為了在睡醒後，立刻捕捉夢裡出現的新想法，避免想法稍縱即逝，她建議可以在床頭放一本筆記簿，每天醒來後立刻記下夢境，或是以口述錄音的方式記錄下來。她強調，不用刻意去回想，就是醒來後趕緊寫下那些稍縱即逝的想法，因為如果沒有寫下來，很快就會忘了，不會記得自己曾有過那樣的想法，因為靈感或創見往往只是短短幾秒鐘的事。

　　如果是前一晚臨時工作太晚，睡眠不足，唐鳳也有補救的方式。她通常會利用白天空檔時間補眠，如果少睡兩小時，她就撥出兩小時補上不足的

你容忍跟你本來立場不同觀點的能力愈大，你就愈有能力去理解複雜的論點。

睡眠。關於補眠，她還有以下兩個小技巧：

1、補眠的地方一定要和活動空間分開。例如，她通常都在社創中心工作與開會，所以她補眠的地方不會在社創中心，而會在她辦公室裡的小房間，讓這個小房間本身就蘊含「我可以休息」的感覺，才比較容易入睡。

2、由於白天補眠有時會愈補愈累，為了不讓短暫的補眠醒來後頭昏腦脹，她會在補眠前，先喝一杯咖啡，因為咖啡醒神的效果需要一段時間，她會喝完趕快去睡，醒來後，咖啡生效了，就不會有頭昏腦脹的問題。

以關鍵字記憶書中概念

不過，萬一明明昨晚睡前讀了資料，隔天早上醒來還是記不起來，怎麼辦？這種情況當然有可能發生，這就是為什麼唐鳳喜歡閱讀電子書。她說：「閱讀的重點不是要

背起來，而是找出書裡的概念有哪些可以使用，只要抓住關鍵字就可以了；而電子書的好處是不靠背誦，只要鍵入關鍵字做全文檢索，就能整理過去所讀過的資料」。這種可以同時在腦裡運用的概念，唐鳳稱之為「工作記憶」。

唐鳳深知，人的工作記憶其實容量不大，大概就只能同時運用大約七個概念，如果每個概念的字數過長，就會排擠到其他概念的工作記憶，所以每個概念的關鍵字大約記兩到三個字就好，七個概念加起來，大約是十六個字，就可以全部放在腦袋裡。但如果把這些力氣拿去背誦整段，我們的大腦只能一次記住某一段，也就不太可能和別的概念產生觸類旁通的想法。

所以唐鳳可以很快看完一本書，尤其是知識性的書籍，透過關鍵字的記憶，大約兩到三秒看完一頁，只要記住關鍵字與這本書的關係即可，一分鐘可以看完二十頁，半小時就能讀完六百頁。這種方式有點類似掃描，變成短期記憶後，就可以安心去睡覺，再利用睡眠記憶法，將睡前的短期記憶轉化成長期記憶。

　　值得一提的是，很多人一早醒來第一件事就是查看手機裡的訊息，看看有哪些新的電子郵件或是 LINE 的新訊息，但是唐鳳不在睡覺的臥房裡放手機與電腦，只放鬧鐘。她認為早上醒來後，只要還沒有走出房間，基本上都還是在剛睡醒的狀態，這時可以專心回想昨晚睡前還未思考完整的事情，或是睡前閱讀的內容，經過睡眠中的重整與儲存後，醒來後再回想一遍會有很好的內化效果，之後她才會開始做其他的事。

　　唐鳳很重視思路與價值的完整性，所以起床後會先將昨天懸而未決的事情想清楚了，再去做其他的事，否則如果起床後，就開始收發新的郵件與訊息，等於讓別人來主導你今天要做什麼，立刻踏入另外一個世界，沒有給自己一個緩衝期。

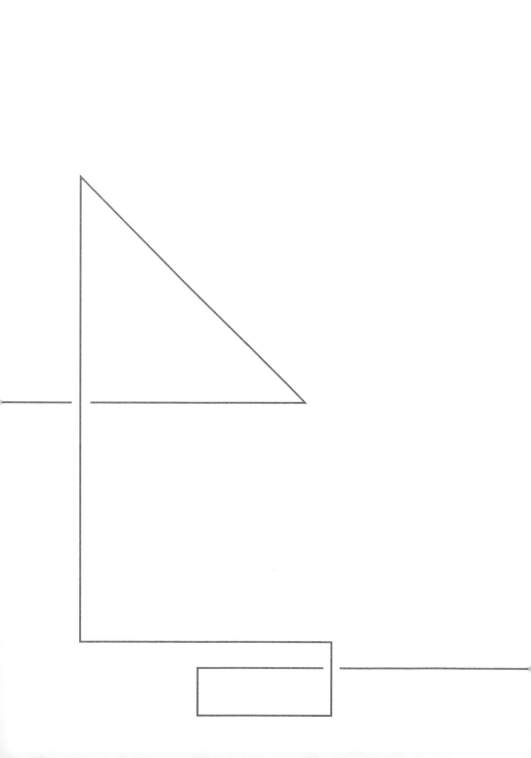

領導不是管理：
團隊需要的是水平協調者

唐鳳在工作中始終將自己定位為水平協調者，而非垂直管理者，她所帶領的團隊，是政府機關裡少數使用 OKR 來管理的部門。

在數位政委唐鳳的辦公室裡，有約莫二十位來自政府各部會不同專業的人。唐鳳將 Cross-functional team（跨職能團隊）的會議形式，運用在她自己辦公室裡團隊成員的組成。透過這種多元組成方式，碰到需要整體評估的議題時，有人主張理性主義，有人傾向現實主義，每個人才能從不同角度與專業提供意見，才能照顧到不同價值。「如果團隊沒有多元性，所有人都是同一性格，很容易出現掛一漏萬的情況。」

除了團隊必須多元外，任何想來唐鳳辦公室工作的人，只要能夠帶來新觀點，都可以毛遂自薦，唐鳳唯一的要求就是每個人的工作必須公開。至於為什麼規定一個部會只能派一個人，而不是兩個人或三個人？唐鳳認為，如果一個部會來兩個人，一定會有一個官階比較

高，就算職等都一樣，但年資不一樣，也會決定誰的話語權比較高，屆時，就會導致另一個人不敢發表意見，這就違反了跨職能團隊強調由來自同一等級、不同專業領域的人組成，因為這樣才能增加大家的互動性。

不下命令，讓成員自訂工作目標

在團隊經營上，做為領導人，唐鳳向來定位自己為水平面向的協調者，而非縱向的管理者。十四歲開始創業，當時團隊中只有三、四位同事，組織只有分工合作，沒有階層管理，後來她進入蘋果公司，蘋果公司的特色也是每個人找到最適合自己的工作後，就在這個工作上做個幾十年，當中沒有升遷概念，包括在Socialtext，同事之間工作的方式也是透過專案，彼此協作，所以唐鳳很習慣以水平式管理與大家一起工作。

不過，傳統組織的縱向管理，階級制度分明，主管說了算。但水平式的管理，雖然打破階級，讓組織扁平化，但也必須透過明確的工作方法，才能發揮水平管理

迅速反應的優點。

「我們的團隊是台灣政府裡面，少數由每一個人自行決定 OKR（Objectives and key results，目標與關鍵結果）的部門。在政府內部的政府雲裡，裝了相當於 Dropbox、Trello、Slack、Google Docs 的協作平台軟體。」這幾年全球知名企業，包括英特爾、Google、亞馬遜等都採用 OKR 來管理團隊，取代傳統的 KPI 績效評估。OKR 強調團隊的自主，與 KPI 重視結果與績效分配有很大的不同。OKR 是每個人向其他人宣告自己打算做什麼、做到哪裡，然後每個小組織單位再告訴上面的組織單位要做什麼、做到哪裡，自己訂立績效標準和工作目標。

相較於傳統以 KPI，由上而下制定員工的績效指標，員工不只要做出貢獻，貢獻的方法還必須是組織或主流價值所認可的方式。**但 OKR 強調的貢獻方式卻是由個人能力來決定，或是透過公司、部門及個人三方溝通，讓員工看到自己的貢獻確實產生了什麼影響。**

唐鳳舉例，例如她手上經營的平台，設定的目標是

流量要比去年多至少 30%，這個目標是她自己訂定的，最後評定結果是由客戶來決定多寡，絕對不是她的主管，評定者是誰才是重點。

做為管理者，唐鳳認為管理的目的，是要讓每個個體覺得在這個群體裡，有他可以貢獻的地方，強調公平性的管理反而不是重點，因為每個人願意投入的時間，以及投入時間所獲得的成就感都不一樣。例如，她的辦公室有兩位專案顧問，其實大部分時間是在國外的組織裡，只是每週至少會花幾個小時來協助他們工作，但唐鳳並不會因此認為他們的貢獻度很低。

除了自主訂定目標外，唐鳳也從來「不下命令」給團隊，在她看來，員工接受老闆命令的程度，跟員工自主的創造力往往成反比。所以，她不下命令，但努力營造一個「大家都有主動性」的環境。

那要如何營造這樣的環境？唐鳳表示，假設員工提了一個和老闆原來想法截然不同的點子，甚至想取而代之，這位員工受到怎樣的對待，就會決定這個環境是否

能讓大家有主動性。如果老闆願意讓這位員工證明他的
想法很好，甚至提供資源讓他進行，就成功營造了一個
鼓勵員工主動性的環境；相反地，如果老闆對員工的新想
法嗤之以鼻，或是覺得自己的權威遭到挑戰，並因此遷
怒而冷凍這位員工，等於是在告訴所有員工不要主動有
自己的想法，一切聽命行事就好。

公開工作內容，協助彼此完成目標

　　然而，不下命令，管理者要如何了解大家在做什
麼？唐鳳的方法是，每週一定會固定和同事一起用餐，
讓每個人在這個聚會中和其他人分享自己正在做什麼？
哪裡卡住了？需要別人怎樣的支援？唐鳳唯一的要求，
就是工作時不要怕別的部會知道他們在做什麼，而要放
聲工作，也就是所謂的「大聲工作法（Working Out
Loud, WOL）」。

　　「大聲工作法」是由約翰・史德普（John Stepper）
所提出，透過主動公開自己正在進行的工作或是學習內

容，讓彼此都能透過分享及回饋，協助達成目標。唐鳳鼓勵大家放聲工作，方式除了在網路協作平台上大家共用一個看板、聊天室之外，辦公室透明牆也使用「看板管理法」，上面貼滿了便利貼，每個人將自己負責的工作事項、具體正在進行的事情，以及有誰正在負責這件事，分別寫在便利貼上，再分別貼在「構想」、「正在執行」、「什麼時候完成」的欄目上。讓辦公室每個同仁無論透過線上或是線下，都能了解彼此正在做什麼。

　　靠著數位工具的輔助，從看板、聊天室、視訊、共筆及共用試算表等等，即使團隊分散在許多不同的實體空間，從行政院辦公室到仁愛路三段的社創中心都有他們的足跡，但大家仍然有一起工作的感覺。而這種一起工作的感覺又不受時間與空間的限制，任何人有新的想法，都可以隨時在網路共筆，跟大家一起討論或是腦力激盪。

員工接受老闆命令的程度，跟員工自主的創造力往往成反比。

身為領導者，唐鳳每天主要做的事情就是「看盤」。也就是透過行政院裡的沙聚系統（sandstorm.io），在線上看大家目前正在做的事情，因為每個人都將工作內容放在上面，非常清楚。把每個人的工作都大聲公開，讓同事之間彼此知道對方做事的脈絡，分享看法，隨時都可以互相補位。如果提出一個想法，就要和辦公室裡各個部會的同仁，一起做這件事，而非單打獨鬥。

透過「看盤」，唐鳳把自己當成策展者角色，看看哪些拼圖拼在一起才完整，也就是「增幅者」的角色，不堅持自己的做法才是最好的，而是誰的做法更好，就讓他來執行。她強調，水平管理並不是非要採用哪些技術不可，這些工具只是協助大家透明公開，重點還是在於每個人要學習把自己當做是管理者，管理者也不要想著每天用盯人的方式管理。

領導是讓成員保有主動解決問題的動力

至於水平管理可能帶來產品未能如期交出的風險怎

麼辦？唐鳳笑說：「當然是我（領導人）來擔，負最終責任本來就是領導者的工作。」但領導者不見得都有能力去解決所有風險，又該怎麼辦？

　　唐鳳舉例，當初疫情爆發政府施實口罩實名制時，因為藥局的藥師也發號碼牌，兩個加在一起，造成衝突，導致口罩地圖的數字有問題，當時她也不知道該如何解決這個問題，於是直接跑到藥局請教藥師：「我真的沒辦法，如果你是唐鳳，要怎麼辦？」網路上也有不少藥師提供意見，後來是大家一起想出辦法，只要從後台按一個鍵就可以消失，最終解決了問題。

　　換言之，領導者並非萬能，碰到問題時，因為問題是組織共同要面對的問題，就公開提出來，讓大家一起參與意見，誰行就誰來。也因此唐鳳不認為領導者必須要有足夠的能力來解決問題，領導者唯一需要的，就是放下面子問題，也就是不能有玻璃心。一旦領導者勇於拋開面子問題，就能下放權力，鼓勵共創的方式，團隊也才有主動創新的能力，企業才能談永續。

　　例如，剛進入職場的員工能動性都很好，所以重點並不是如何管理他們，而是如何確保這個能動性不會在組織裡被消磨掉。這個能動性可以從鼓勵他人分享自己的經驗開始，唐鳳強調，並非一開始就立刻接納他人的經驗，而是大家至少留一段時間，無論是傾聽或是實際到現場去看，總之都先以開放的心胸，嘗試從對方所提供的角度來看事情。如此一來，這個組織裡的成員，才會有一種繼續貢獻是有道理的感受，否則就跳槽到別的地方，不需要和大家花時間在這裡。

　　由於唐鳳辦公室的團隊成員是來自各部會借調過來的專業者，任務完成後就會返回原來的工作崗位，她希望創造的效應是，讓不同部會的人在這裡分享各自不同的價值與做法，並找到彼此共同的價值，之後再透過創新的方式去實踐這些共同的價值。

　　例如，將來這些成員回到原來的工作單位時，就可以像種子一般，將共同價值傳遞下去，並善用在這裡學到的數位工作方式，讓溝通更有效率，也更省錢。當跨部會溝通時，其他人不需要專程坐高鐵北上開會，只要

透過虛擬空間，其實就能達到事半功倍的效果。

　　水平管理方式雖然能帶來創新與自主訂定目標的熱情，但最主要的挑戰都是外界不習慣這些方式，尤其是有製造業思維的人，像是投資者會覺得這種管理方式很散漫，擔心無法如期交出成品。這也是過去水平式管理多半適用於新創企業或是軟體公司，不過，疫情的發生卻讓管理者不得不面對當管理因遠距而產生質變時，該如何因應？尤其是疫情期間，大家被迫遠距工作，在家進行線上會議時，老闆不過是電腦螢幕上其中一個視窗，旁邊還有很多視窗，老闆也看不到，這時，組織無論如何都得採用扁平式管理，讓員工試著自主管理。

　　隨著變種病毒不斷出現，疫情成為生活日常，顯而易見的是，水平式管理也將成為未來職場管理的新常態。

> 領導者唯一需要的，
> 就是放下面子問題，
> 也就是
> 不能有玻璃心。

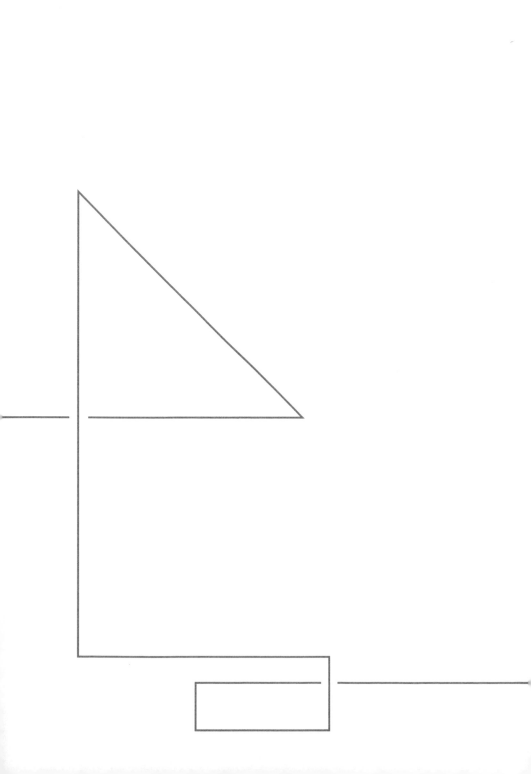

Chapter 9

打破平行時空的開會法：
開門造車，你行你來

如何讓與會者願意說出心中看法？唐鳳開會的方式就是，每一次的會議都建立在上一次討論的基礎上，最後讓大家達成「粗略的共識」，就去執行。

二〇一四年，唐鳳尚未正式入閣前，曾先在行政院擔任某位政委的專案顧問，當時她的工作是協助政委整理新興的數位議題，也因此必須參與無數的會議，但正是這樣的機會，讓她看到開會本身結構的缺陷。

當時行政院正在進行虛擬世界相關法規的一些討論，當中牽涉到很多包括隱私權和經濟發展的兩難、共享經濟與剝削勞工的競爭問題。例如，在開曼群島有很多新公司，不是為了避稅，而是因為公司法很僵固，沒辦法實現美國式的新創，但另一方面，政府也覺得大家不應該破壞公司法的穩定性，會議中因此衍生出很多不同立場的想法。

問題是，大家如果不能聚焦，會議其實再討論十年

也不會有結果。但當時之所以要做虛擬世界法規的調適，就是希望能在幾個月內，趕快回應當時許多計程車司機因為網路叫車業者搶生意，違法載客，進而上街抗議的情形。於是，開會時如何快速達到雖不滿意、但可接受的價值，就變得非常重要。

達成「粗略的共識」就去執行

二〇一六年，唐鳳入閣擔任數位政委以後，帶來一個很大的改變，那就是建立了一套讓會議不白開的機制。開會向來占據職場工作者許多時間，對管理者更是如此，面對每天大小不同的會議，如何有效地開會，讓與會者不只是「聽會」，願意說出心中看法，也就是讓會議不白開，是工作能否有效進展的重要關鍵。

唐鳳開會的方式，就是讓每一次的會議都建立在上一次討論的基礎上，最後大家只要達成「粗略的共識」就可以去執行。那什麼是粗略的共識？也就是雖不滿意，但是大家都可以接受的結果，以此為出發點，去執

行下一步的動作時，至少大家不會有意見。

　　那麼，該如何去引導，讓大家都能達成粗略的共識？唐鳳採用的是「焦點討論法」（Focused Conversation Method, ORID）。焦點討論法是二〇〇五年由加拿大文化事業學會（ICA）所提出的加強團隊溝通的討論方式。ORID 透過運用四個問題層次，從「觀察事實與外在現況」、「說出感覺與聯想」、「尋找意義」到「做出決策採取行動」，一步一步引導團隊進行有效的溝通，並訂定清楚的決策。

　　焦點討論法特別適合與會人數眾多的會議使用，這是因為開會人數多時，大家意見紛雜，容易發散與耗時，透過焦點討論法，可以慢慢收攏大家不同的意見，聚焦在會議真正的目的。

引導大家進入同一個思想脈絡

　　唐鳳會在焦點討論法上，再加上「動態引導」

（dynamic facilitation）的主持方式，也就是開會時，透過數位白板，在投影或直播中，分享她邊開會邊做筆記的過程。過程中，她會將每一個人提出的問題分成幾個面向，類似用便利貼區分概念，例如，每一個面向有哪些事實可以去佐證，就用藍色的便利貼；這些事實帶來哪些感受，就用黃色便利貼；這些感受讓大家提出哪些感覺更好的具體建議，就用綠色便利貼；這些具體建議有哪些是可行的，則用橘色便利貼。宛如漏斗方式，先幫大家各自天馬行空的發言廣泛地收集，再慢慢收攏想法，轉化成提案，最後逐漸聚焦到開會最重要的目的，那就是可執行面。

唐鳳認為會議中要能逐步引導很重要，如果會議一開始就要大家提出建議與解方，卻不先從分享各人對這件事的感受開始，以及哪些客觀事實造成這樣的感受，結果就是彼此腦海中的客觀事實根本無法對齊，大家還是處於平行時空，完全沒有交集。

在沒有交集感受的討論下，大家就會各說各話，又因為彼此不了解對方的感受，無法達成一定的共識。在

這樣情況下，不是開會變得冗長，就是主管乾脆採行上令下達的方式，大家只要聽命令，服從執行就好，會議形同虛設，毫無意義。唐鳳經常引用加拿大詩人李歐納‧柯恩（Leonard Cohen）的一句話：「萬事萬物都有缺口，缺口就是光的入口」。」她認為，開會的目的就是要努力打開這個缺口，找出讓大家都能共同感受到這個議題的問題在哪，而這個問題就是光的入口，也就是大家可以一起努力的方向。

所以焦點討論法一開始會先對焦大家對這次開會討論議題的想法，例如，「支持你提出這個想法的原因是什麼？」、「個人的感受是什麼？」、「形成這個感受的當下，還記不記得是什麼客觀的事實？」不斷透過這樣的提問，將大家奔放的思緒，慢慢引導進入同一個思想脈絡裡，才能達到「粗略的共識」。

如果對方講的這個事實，你完全聽不懂，那就表示你跟他缺乏某種共同經驗。這就是為什麼在達成「粗略的共識」前，有一個很重要的前提，那就是要建立「共同經驗」，才能討論下去。

　　例如，討論 Uber 在台灣招募沒有職業駕駛執照的司機來載客，由於大家都有搭計程車的經驗，所以在討論感受時，雖然很不一樣，但對應到的是相同的第一手經驗，就能在此前提下，展開進一步的討論。如果彼此沒有定錨在共同經驗上，對方的話就會被另一方認為是說教，沒辦法聽進去或聽懂，但是如果彼此形成了共同經驗，不用說教，對方也能了解，只需順著對方的思維，給一個詮釋就好。

　　換言之，唐鳳認為若沒有事先建立共同經驗，大家在分享對開會主題的看法時，會碰到一個很大的挑戰，那就是分享感受時，腦海裡對應不到共同經驗，這時對方的感受是空泛的，沒有辦法有真實的感覺，就算腦補，也是空泛地腦補。所以對於主持會議的人來說，建立共同經驗就非常重要。例如，主持會議前，唐鳳一定會先去體驗正在討論的題目其實際狀況，像是主持 Uber 會議之前，她幾乎把台北的 Uber BLACK 都坐遍了。如果是主持 Airbnb，她就真的去 Airbnb 租看起來很像是非法的日租套房，如果主持網路賣酒的議題，她就真的透過網路去買酒，但沒有喝。

　　事實上，當初她加入行政院提出的條件，除了每週固定幾天不進辦公室外，還有另外一個條件，那就是她在任何地方工作都算工作，也就是她不受空間限制。但是即使不進政院辦公室的日子，她不是在社創中心，就是花很多時間在環島，實地了解無論是立法院的公聽會或是協作會議討論的任何主題。如果是恆春的問題，她就實際到恆春去看看；如果是南方四島的問題，她就實際去南方四島思考；如果是東沙的問題，雖然很難去到東沙，但至少到高雄海委會，離所在的問題不遠，盡可能與相關人士近一點。

　　這聽起來似乎有點矛盾？對於一個天才黑客而言，明明網路可以打破任何距離，為什麼還堅持現場哲學？這是因為唐鳳認為，做事時要 empower people closest to the pain（培力最靠近痛點的人），也就是**要幫一件社會問題想解決方法時，要先移動到進入那個社會問題所在的情境，而不是關在台北的行政院裡想方法。換言之，就是盡量創造與議題相關的共同經驗。**

　　有了共同經驗，在主持會議時，就能先分享自己與

在場者的共同經驗，再請現場與會者分享是否也有類似經驗的片刻，等在場的人都進入類似經驗記憶片刻時，討論才可能聚焦，也才開始有意義，不然就會演變成雞同鴨講的局面。「如果沒有第一手經驗，其他人在講基礎事實時，我就無從判斷他在講什麼。共同經驗才是讓我們開始溝通最關鍵的因素。」唐鳳表示，這一個層級只要大家對焦了，感受的部分就不需要花太久的時間。

例如，之前在做社創中心的空間規劃時，當時的社創中心幾乎是一片廢墟，地下室還淹水。唐鳳的做法就是把大家都約到那裡，在那裡展示空間設計的圖稿，讓大家一起想像，如果把窗戶改成某種樣子，大家就能聚焦討論。如果只是在網站上分享幾張照片或是平面圖給大家看，因為沒有共同在場，大家就無法進行有效對話，也會變成各說各話，尤其是在空間規劃上，營造臨場感是非常重要的。

以共同經驗、體驗到的事實做為開會前提，就完全不會花時間在「你是什麼派、什麼黨」這類標籤和認同上。

不用一步到位，足夠好就去執行

至於，為什麼開會的目的只要達到粗略的共識就好？為什麼不需要達到完美的共識？

唐鳳說了一句聽起來很哲學的話：「最好，是夠好的敵人。」意思是，既然今天大家已經達成「夠好就好」的粗略共識，如果硬要舉出「最好」的意見，那就是與所有人達成的「夠好」為敵。

「夠好」，雖然不是百分之百令大家滿意，卻是大家都可以接受的方式，也並沒有要特別犧牲誰的權益，而是在這個當下，用這個方法就夠了。至於，「最好」如果意味著一步到位，完美的幫大家解決問題，例如，他可能比別人先看到，十年後這個想法將會是最棒的方式，所以他不想十年後才發生，而是現在就想要用這個很棒的想法，看看兩個月後是否會如預期獲得最棒的結果。

這種「求好心切」的態度，唐鳳認為，雖然用意良好，但是如果一下子就自己把題目解到一百分，別人除

了幫你拍手外，也沒辦法學到什麼。更何況，如果這個很棒的想法，十年後才會被認同，代表目前的環境與人事物都還不到位，無法一蹴可幾，這時你只有兩種選擇：一是堅持用自己的想法，然後經歷嚴重的不耐煩與挫折，因為結果就是十年後才會發生；另一種選擇就是接受「夠好」的粗略共識，雖然不完美，但是十年後一定會誕生「更好」的結果。「兩種選擇都是十年後才會誕生更好的結果，差別只是自己的感覺而已。」唐鳳表示。

另一方面，「夠好」的意思是在大家達成彼此粗略共識下，這個解方可以解決當下的問題，然而「最好」意味著要達到這個地步，需要投入更多人力與時間才能達成。她認為，如果硬要用「最好」取代「夠好」，以此解決當下的問題，只會造成大家不爽而已，因為沒有達成共識，是無法推動事情前進的，還不如讓大家先從足夠好的基本共識下出發，慢慢累積共同經驗，因為有了共同經驗，才能繼續往下，做出比足夠好再好一點的事情。

以電競選手這個近幾年冒出的新興職業為例，當初政府各部會討論時，都不知道該把這樣的行業放在哪一

個部會管理，一開始大家習慣先用既有的框架思考這個新興職業，教育部認為電競不算是體育，應該屬於文化工作，但文化部認為，電競選手不算是傳統技藝，應該歸經濟部管，而經濟部認為他們是管球場（意思是只管硬體設備，例如遊戲主機），不管球員，所以選手跟他們沒有什麼關聯，應該跟教育部比較有關。

當時，唐鳳正是採取焦點討論法的方式，先讓電競選手暢所欲言，請他們將所有會碰到的實際問題、個人故事、成長經驗等等，都寫在公開的逐字稿裡，讓所有部會的人都看到。接著，再將各部會發言的逐字稿紀錄提供給與會者十天，讓他們可以在上面進行編輯（意即如果開會當天的發言不夠完整精確，可以在文件上修正補充），十天後，所有開會紀錄再全部對外開放讓網友閱覽。

當時逐字稿公開後，無論是 PTT 或是 mobile01、巴哈姆特的網友都開始熱烈討論這一份逐字稿。一開始，網友也會有很多不理性的行為，包括人身攻擊、各種表情留言等等，但唐鳳說，通常到了第五則的留言後，就

會開始有理性的意見產生，出現所謂「專業五樓」，也就是前面四樓都是情緒性的發言，但是後面也會開始有人提出專業意見，供大家思考。

於是，在接下來的行政院會議中，唐鳳就把網路上所有的情緒留言都拿掉，告訴各部會那些「專業的五樓」的意見。例如，有網友說：「現在圍棋都是在網路上進行比賽，所以我主張圍棋選手是一種電競選手」，或是「我們之前對籃球國手都有替代役，其實電競選手是可以比照辦理，如果文化部願意的話」、「其實教育部本來就有技藝專長的特色課程，甚至專題、主題、學程，為什麼不能開電競專班」等等。透過導入外面人的想法，可以提供公務員觀看世界不同的方式，鬆動他們原來固有的想法，大家也就覺得圍棋選手的權益，電競選手也應該要有。

另一方面，網友在看到下一份公開紀錄時，也會很高興他們的想法被接納，也就更鼓勵他們聚焦問題的解決方式，而不是漫無目的的情緒發言。從會吵的朋友有糖吃，到乾脆邀大家進廚房一起炒糖吃，無形中鼓勵各

部會及外面的民眾一起參與這個協作會議，找出可行的方法。後來，這個電競案子在開了四次會議之後，就達成粗略的共識，交由三個部會去執行。唐鳳強調，這並不是她訂定的標準，而是客觀的結合社會上不同地方、不同偏好，當這些偏好真的能夠融合到一個程度時，就成功了。

開放參與，能力才能傳承

「粗略的共識」背後有一個發人省思的工作觀，唐鳳認為，再聰明的人都有力有未逮的時候，急著把問題完美解決的結果，就是其他人學不到東西，學不到東西的後果，就是解決問題的能力只到這個聰明者的個人身上，一旦他不在其位，大家還是沒有學到解題方法。

就好像現在台灣企業面臨「二代接班」的問題，第一代創業家都是非常有能力的人，但是在開疆闢土時期，比較沒有想到如何讓自己的開創能力透過開放式參與，讓下一代或是年輕一代的幹部都能夠參與決策的形

成過程，不只是去執行想法而已。「**愈把想法形成的過程，放在只有自己這一輩的人，二代接班就愈困難，因為年輕人不知道為何做出這樣的決定。**」

當下一代接班人已經上來了，但第一代創業家卻還是習慣把資源與權力都抓在手上，解決問題也都是自己來，不留一點餘地讓下一代發揮，結果就是雖然當下以權威的方式立刻解決問題，但是後繼者卻無法傳承解決問題的能力。

這就是為什麼唐鳳在討論議題時，喜歡邀請大家一起進來討論，透過開放式引導討論，多聽各方意見，盡可能將解決的過程公開出來，即使暫時無法解決眼前的問題，但是大家都學到解決問題的過程，後繼者就可以在這個基礎上，繼續發揮解決問題的能力，才能共創更多的價值。

再聰明的人都有力有未逮的時候，急著把問題完美解決的結果，就是其他人學不到東西。

每次開會都要做逐字稿紀錄

不過，唐鳳強調在達成粗略共識的過程中，有一點很重要，那就是每次開會時都要做詳盡的紀錄，下一次開會時，才能建立在上一次開會紀錄的結論基礎上，再去做進一步的討論。

二○一六年唐鳳入閣時，她提出的條件之一，就是要求她所主持的會議，全部都要公布出去，如果有錄影，就用影片方式公布出去；如果只是談話沒有錄影，就全部以逐字稿方式公開。她認為，有完整的紀錄，大家才不會忘記曾經討論過的內容，下一次開會時才能有建設性的新想法繼續提出來。如果沒有完整紀錄，常常開完會之後，有些人就會認為自己的想法沒被記錄起來，於是推翻原先開會的結論，讓開會又回到原點。

換言之，有可能上一次開會時已經被否決的提案，因為沒有做詳盡的會議紀錄，大家忘了原本討論的結果，等到下一次開會時，又提出來重新討論，等於讓前一次的會議白開，也讓溝通成本愈來愈高。

　　除了開會有詳細的逐字稿之外，唐鳳還會再做一件事，那就是會後將逐字稿寄給與會者，給大家十天時間補充修訂內容，一方面讓會議紀錄的論述更完整，另一方面也讓每個與會者在閱讀這份逐字稿紀錄時，再度確認自己提過的意見是否如文字所述，下次開會時就不會再重複提出。

　　焦點討論法雖然是用於團隊溝通上，但其實操作久了，就會變成本能反應，不管對方在什麼樣的情緒狀態，唐鳳都可以用引導的方式說：「某些事實基礎，我們是不是先認定。」趕快讓大家的注意力回到事實的狀態，而不是停留在情緒上。

　　例如，二〇二二年五月，因為疫情嚴峻，唐鳳緊急設計了「確診個案管理系統」來替代中央法傳系統的不穩定，降低時間差所導致的研判差距。由於是被緊急徵召，需要在短時間內設計出來，有媒體問她壓力是否很大？唐鳳的回答是：「機器壓力很大，人還好；機器有壓力，我們就再增調機器來處理。」她幽默的回覆，也讓大眾原本可能將焦點放在情緒的情況巧妙地回到事實本身。

　　事實上，兩個人之間的溝通也可以使用焦點討論法。尤其，當對方有強烈意見時，往往會帶著強烈的情緒，認為事實不應如此，但是又未必會說出來，「這時你不需要跟對方討論對或錯，而可以說：『你有這麼強烈的感受，是不是你觀察到哪一些事實？是不是可以分享這個？』」唐鳳如此建議。

　　甚至，唐鳳回覆酸民，也是採用焦點討論法，例如，酸民曾批評她的髮型難看：「你的髮型落後一百多年！」唐鳳的回應方式就是聚焦在客觀事實上，拉回理性面：「感謝具體建議。防疫期間確實沒空造訪好剪才理髮店（她習慣去的理髮店），下週來改造型。」

讓非專業者擔任會議主席，傾聽不同聲音

　　身為數位政委，唐鳳每天要和政府不同部門的人召開「協作會議」，邀請公部門各部會公務員及民眾一起開會，並使用焦點討論法發現問題，進而聚焦問題。

　　關於跨部門的協作會議她也有一套流程，從設定議題、確認分工、主持團隊研究議題、定義核心問題，到面對面討論，透過導入主持技術，搭配逐字稿、錄影及sli.do（透過線上工具，蒐集大家的想法，並票選先後順序）等提問技術，確保彼此資訊都能對齊，溝通順暢。

　　特別的是，協作會議的主持團隊在進行小組討論時，往往會刻意安排由與該議題不相干的部會公務員擔任主持人。聽起來有點矛盾，照理來說，如果是討論金融議題，應該由與金融相關的部會公務員來主持才對，但唐鳳解釋，大部分這類的討論，是要讓公務員設身處地站在民眾的角度思考，也要讓民眾設身處地站在公務員的角度去理解，但公務員對自己制定的政策有本位主義，會想要捍衛自己的價值。所以，討論財政金融相關議題時，主持人可能是由海委會的同仁擔任，討論海洋問題時，則是由金管會的同仁來主持。

　　唐鳳為什麼要這樣做？這是因為海委會的人在報稅這件事上，是一般的納稅人，不需要捍衛財政部的立場；同樣地，金管會的人在海洋議題上只是一般民眾，就算

談到衝浪，也只是普通的衝浪愛好者，不需要捍衛海巡署的立場。換言之，透過刻意安排，讓主持人是以民眾的身分主持討論，他的問題也是一般民眾會問的問題，民眾就會有他是站在自己這邊的感覺。

這種特定的會議形式，也可以做為有效的團隊管理方式，職場上將這種方式稱之為 Cross-functional team（跨職能團隊）。跨職能團隊是過去幾年來軟體公司流行的一種工作方式，團隊成員的組合來自公司不同專業的人，甚至也會邀請外面的人一起參加，大家截長補短，共同完成工作目標。

在不同專業間，找到共同價值

除了團隊組成可以透過跨職能團隊方式截長補短，事實上，也非常適用於一般企業的會議。例如，每次開會，公司每個團隊（或是不同部門）可以派出一位代表，輪流擔任非專業議題的會議主席，就如前面提到的，主持人若對該領域不是很熟悉，但又必須帶領大家

討論，就會變得比較謙虛，願意傾聽其他人的想法，讓所有意見可以充分被提出。

這跟傳統職場上所開的跨部門會議有很大的不同。因為一般職場主持這類會議的人通常有兩種：一是公司老闆，二是懂得開會主題的專業同事。但這常會導致兩種結果：一、老闆擔任主持人往往會因為「德高望重、有決策權」，導致底下的人發言有所保留，盡可能不忤逆老闆的意見，但如此也就無法達到真正的溝通，因為老闆說了算。二、專業人士主持會議，也會造成其他人不敢發言，因為怕說錯，被專業者嘲笑。

唐鳳表示，非專業者人士主持會議，會散發出他懂的不比別人多，如果別人有什麼高明的見解，就會好好記下來。其次是，由於主持人非專業，在場的專家就必須用主持人聽得懂的方式來表達，這時無形中也讓其他領域的專家都聽懂。

尤其，在這個事事都需跨領域溝通的年代，而我們面臨的多數問題，在價值取捨上往往無法靠單一專業解

決，當每個專業都堅持它的價值時，該如何取捨？透過
跨職能團隊的主持方式，加上焦點討論法的聚焦方式，
慢慢融匯成大家雖不滿意、但可接受的粗略共識，也就
能產生共同價值。

Part 3

我這樣學習——
　　學習就是自我啟蒙

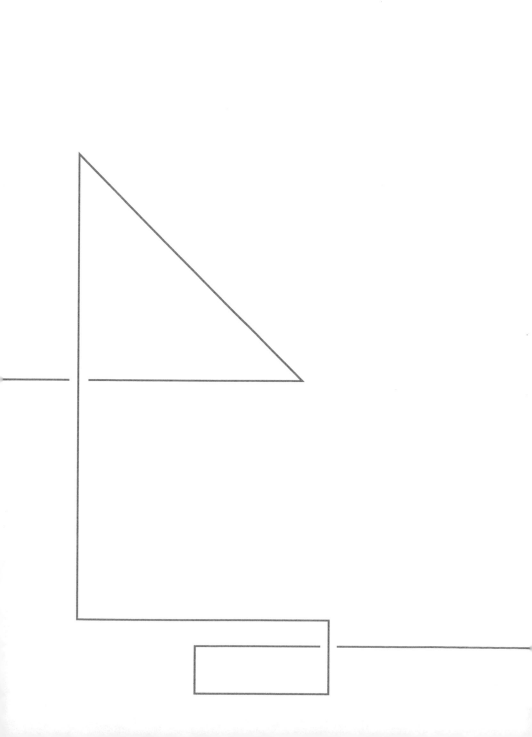

人非機器，
學習讓自己成為「無用之人」

二〇三〇年之前，全球每十六人當中，就有一人必須轉換職業才有工作，將近一半的工作者必須學習新技能才能保住飯碗，人工智慧時代，唐鳳為什麼要大家學習讓自己成為「無用之人」？

二〇二一年二月，麥肯錫（McKinsey Global Institute）報告指出，新冠肺炎疫情加速了遠距工作、電子商務及自動化的現有趨勢，在此衝擊下，將有更多工作者受到衝擊而必須轉換職業。其中，由於病毒影響，第一線與人接觸的工作者，包括餐飲服務人員、店員、辦公室行政人員，更會因為企業加速自動化，將這些工作轉移成線上服務，造成許多第一線工作者的高失業率。

這份報告還指出，疫情前，科技對勞工市場的衝擊，主要集中在中產階級，低薪工作者即使工作被自動化取代，仍可找到下一份工作，例如，家庭看護或是零售業服務人員等等，但疫情改變了人與人之間的距離，許多服務朝線上發展，將衝擊更多工作者的未來。在二

○三○年之前，全球每十六人當中，就有一人必須轉換職業才有工作，將近一半的工作者必須學習新技能才能保住飯碗。

學習不該只強調有用，應發自內心興趣

劇變的世界下，人類面對愈來愈多的未知，愈來愈沒有標準答案，個人的一技之長已經不足以應付劇變的時代，更何況，社會運作很多的功能都可以交給機器時，如果人類還在學習機器可以取代的事情，很容易在學習上產生挫折感。因為看起來學了有用的知識，但是一年之後，這個有用的知識很快就被新的科技工具所取代，甚至導致這個行業因此消失，而花了這麼久的時間學習一種知識，出了校門之後，就被廢棄了，大大衝擊了學生的學習心態。

這也是為什麼唐鳳會說：「我們要培養小孩，成為無用之人。」她所指的「無用」正是不要過早就用特定的用途來定義自己。不要「物化」學習者；人，不是物，不應

該把自己當做一個工具去學習技能。★

　　她舉例莊子《逍遙遊》裡的一段對話說明，大意是惠施對莊子說，有一棵樗樹長了很多樹瘤，樹枝也扭曲不平，以至於就算生長在路邊，也不被木匠青睞，因為完全不符合做為材料的標準。莊子聽了，告訴惠施，與其擔心這棵大樹無用，還不如將它種在空曠地方，讓人可以在這棵大樹底下納涼休息，逍遙得很。雖然這棵樹無法拿來當做材料，但是它也因此不會被砍伐，這不是很好嗎？

　　唐鳳解釋，莊子舉了很多例子告訴大家，很多東西並不是為了有用而存在，以這棵樗樹來說，表面看起來，它是無用的大樹，因為它無法成為材料，但正因為無用，所以不被工匠所砍伐，也因此得以照自己的方式存在，成長為大樹，讓許多人在樹底下乘涼，得到休息與舒心，這難道不是另一種用途嗎？

　　回過頭來看，我們為什麼要學習？為什麼現在的年輕學子在學習上會受挫？很大一部分是因為在學習上太

強調「有用」這件事。「有用」有什麼不好？過去，傳統社會裡，「有用」很好，因為人們學了有用的一技之長，可以用在社會需要上，從此安身立命過一生。然而，科技時代，「有用」這件事，卻愈來愈值得商榷。這是因為科技日新月異，傳統人力做的事情，愈來愈容易被科技工具所取代。

就像莊子所說，人對於物的要求，就是有用，所以如果手上有一把槌子，當槌子壞了，大家會說：「它沒有用了。」因為人賦予它的功用就是槌子，當它失去被賦予的功能，就會被稱為「一把沒用的槌子」。又或者我們把機器賦予計算機的功能，當它被賦予特定用途時，就不會認為這台機器具備通用的功能，而是只具備特定功能而已，如果我們用這種定義機器或槌子的方式去定義一個人時，就是在「物化」他們。

當人被物化時，很容易被侷限在某一個功能裡，一旦這個功能被時代淘汰或是被自動化取代，就容易產生挫敗感，因為這些學習是由外面強加的，不是由內產生學習的興趣。這就是為什麼現在愈來愈多的人，無論是學生或工

作者，在學習上都有「撞牆」的感覺，因為今天好不容易培養了「一技之長」，明天可能就被更有效率的機器人取代。

不強調人具備某種特定用途

那麼，在學習上要如何成為「無用之人」？又該如何培養小孩成為「無用之人」？

曾經擔任十二年國教課程發展會（簡稱課發會）委員的唐鳳指出，傳統教育有一個結構，學習者必須配合這個教育結構，達到教育結構想要達到的狀態，這種學習方式是由外面所強加的，它所產生的弊病是學了這麼久的東西，當這個行業消失了，或是被自動化了，就會產生挫敗感。

因此，十二年國教課發會主要在探討，如何引發學生對學習的興趣，把自發放在最重要的價值，之後才是溝通，然後是共好。自發放在最前面的原因，是因為教育必須是服務與學習，而不是要學生配合教育結構。所

以在設計課綱時，首要之務是思考如何引發學生對學習的興趣。

例如，上關於媒體的課程時，不應該只是看得懂新聞而已，而是培養學生媒體素養，以及如何重新運用素材來創造；上資料課程時，也不是了解資料科學，或是看懂大數據而已，而是要學生學會量測與貢獻。**也就是當學生在學習一項事物時，不要把它當做用途而窄化了學習，就像學法律不只是要「成為有用的律師」，學醫學也不只是要「成為有用的醫師」而已。**

又或者將原來小學的勞作、音樂與美術等才藝課程的分科，全部融合變成「生活課程」，要求老師放下「教」的概念，跟學生相處就好，聆聽與觀察每個學生的學習狀態，鼓勵並支持學生勇於表達自己感興趣的事物，而不是用分數來定義學生的好壞。

不要「物化」學習者；
人，不是物，
不應該把自己當做
一個工具去學習技能。

唐鳳認為，唯有協助孩子探索出自己的興趣，他才能逐步在學習中，對接社會的需求，然後進一步產生共同價值；有了共同價值，對社會才有親近性，不會成為反社會的人。★

家長也要放下「教」的概念，「跟小孩討論，總比你一定要有標準答案給小孩好，」唐鳳表示，畢竟現在我們的世界隨時都有新的情況出現，這個情況可能是之前的知識體系裡所無法處理的問題。

事實上，唐鳳十三歲時，她母親就公開表示，十三歲已是成人了，以後她們的互動方式就是成人的互動。意思是，成人與成人之間有界限，她只會 push 唐鳳到一定程度，接下來就是唐鳳自己的事，就像你給朋友一個忠告，如果他聽不進去，也是他的事，大家都已經成年了，要為自己的決定負責。這種成人式的對待也會產生比馬龍效應（Pygmalion Effect，編注：1966 年在美國進行的教育心理實驗，發現假若老師認定某些學生為「資優生」，即使他們其實並非真正的資優生，但是經過老師的提點和鼓勵，最終也會成為資優生），也就是當你期待十三歲的孩

子行為成熟，把他當大人對待，他很快就會成熟了。

也因此，唐鳳認為，最重要的是，讓孩子定義自己感興趣的東西、去接近想學的東西，大人只要在旁邊提供基礎的學習環境就好，這種由內而外的學習，才是人與機器不同之處，也是機器無法取代的，也唯有當我們愈不把人當做機器看，就愈不會強調「有用」。

所以，唐鳳建議培養「無用之人」，並不是培養出什麼都不做的人，而是不要向外去定義自己成為某種特定用途，因為人不是機器。事實上，她認為，用「人工智慧」來比擬機器學習也不太恰當，因為所謂的機器學習，其實意思是用既有的資料來撰寫循經驗而判斷的程式。

但人類思考時，並不只是靠經驗的反芻，當然，人腦也有不假思索的部分，例如，當你看到一張臉時，就立刻知道他是誰，這就非常像是機器學習，也就是凡是只要我們花費不到兩秒的「不假思索」，都可以跟機器類比。

透過集體共創的智慧，探索新知識

但是人腦裡還有一個工作區，工作區裡放有不同概念，可以有意識地去進行綜合判斷，產生創意與靈感等等，而這必須靠每個人主觀、且有意識經驗到的現象來決定，但這部分沒有 AI 可以類比，這也正是人之所以不同於機器的地方。

人要交棒給機器的是快思的部分，因為機器已經可以迅速判斷；但慢想的部分，仍舊得靠人腦。唐鳳舉例，如果我們說自己有某種經驗，意思是如果你也有，我們彼此就可以互相交流；但是如果我們定義自己「我是什麼人」，或是「什麼科系」，其實意思就是對方也沒有什麼機會跟你交流，因為你已經把自己定義在特定的範圍內了。

在科幻小說《Culture》系列裡，已經開始思考人類如何成為「無用之用」的人，書裡的人類社會進入了「後稀缺」時代（Post-scarcity，編注：人類未來的理想社會，人類不需要倚賴大量勞力便可以無償獲得所有東

西），也就是大部分人類實際需要維持生活的東西，大概都可以用全自動的方式完成，在這樣的情況下，人類的時間要花在什麼事情上？如何成為這個社會裡的無用之用的人？不少小說都在探討這樣的問題。這也給大家很好的提醒，說不定我們這一代的人很快就會從現今的稀缺（指匱乏），轉換到後稀缺時代，當我們這一代可以將很多事情都交給機器去做時，人要如何思考未來？如何與機器共創社會？唐鳳經常談的「共好」概念，靈感即是出自於《Culture》系列小說。

這就是為什麼唐鳳一直以來非常強調「共感」、「共創」，因為人類最可貴的經驗，不是把自己當工具人來學習，「不假思索」這部分，如今已經全部可以交給機器去做，但是人類卻可以透過集體共創的智慧來探索新的知識領域，這是機器人還無法取代的智慧。

知識性事物適合線上學習；
操作性事物適合線下共聚一堂

　　至於數位時代，人要如何與機器相處？唐鳳認為，應該把機器放在人跟人之間，透過機器去認識更多人，而不是以機器取代本來可以認識人的位置，就好比玩線上遊戲，你是完全陷入虛擬世界，取代了實體世界？還是透過這個遊戲去認識更多新朋友？

　　二〇二一年疫情升溫，導致學校停課而必須開展遠距教學，就是一個很好的例子。在上實體課時，學生只要稍微一恍神，就會聽不懂老師的下一句，但因為老師有課堂管理的需求，使得學生即使追不上進度，也不敢即時詢問旁邊的同學，只好繼續恍神。但是，遠距線上教學就可以，學生聽不懂時，還可以另外開視窗請教同學，反而很容易跟上老師的授課進度。

　　所以當授課改成線上時，如果老師可以放下控制欲，反而更有利於學生學習，學生的學習方式也會變得比較舒服。以數學來說，當遠距教學時，數學課不可能

禁止學生使用計算機，這樣就可以把大部分的時間花在數學本身的邏輯思考上，而不是單純在算術上，因為在課堂上做算數，其實是完全沒有意義的。

　　唐鳳指出，遠距教學某種程度上，就是人要開始學習如何與機器相處，學習如何用這些外掛，這也是老師要學習的一部分。尤其**當遠距授課時，老師沒有辦法禁止學生開多個視窗，一心二用，老師就必須思考，如何善用外掛？以及如何營造線上學習氣氛？**

　　如果老師在遠距教學時，放下管理心魔，像是沒有看到學生就覺得對學生沒有控制力；或是自己的授課視窗是不是被學生移到旁邊，如果可以放下這些控制欲，其實線上課程對於很多比較不需要操作的科目來說，是非常自由的，因為當學生自己有學習的主導權時，聽不懂老師講的，就可以馬上打字問其他同學，或是查字典，

跟小孩討論，
總比你
一定要有
標準答案給小孩好。

反而可以增加注意力。

　　唐鳳認為，愈是屬於知識性的東西，線上學習的效果就愈好，這是因為線上學習知識可以重複播放，每個人可以按照自己的學習速度吸收；而愈是屬於實踐或操作性質的事物，就比較適合線下共聚一堂。例如，在網路上學習農業理論基礎很適合，因為它屬於知識性，只提供討論及學習，但如果要在農田上施肥或播種，就必須實際下田，因為這屬於操作事務。

　　雖然現在視訊很方便，但是想要營造共同在場感仍然困難，原因不是技術，而是目前成本尚高，無法發給每個人一個 VR，而且大家也不習慣。當亞洲周邊國家，尚有許多地方仍採行過去的應試教育（以提升學生應試能力為主要目的的教育制度）時，台灣的 108 課綱裡，已預留夠多的空間，授權學校的課發會、個別老師、讓老師增能的團體等等，去嘗試將原本實驗教育裡行得通的方式導入正規教育，所以相較於其他亞洲國家，疫情期間台灣的老師相對比較不慌忙，因為早就準備好教材及教法，供老師做為線上教學使用。

　　線上教學本來就是超越時間與空間限制，讓彼此連結在一起，尤其是 5G 時代，只要連上網路，任何地方都可以變成教室，因此授課者也應該打破過去實體空間裡，上面講課、下面聆聽的線性教學方式，而去思考線上教學時，如何透過機器提供的各種外掛程式，與學生互動，善用網路才是遠距教學的意義。

營造一個可以犯錯的空間

　　此外，唐鳳也認為營造一個可以犯錯的空間很重要，因為沒有人一開始就有原生的能力。她以自己學英語的經驗為例，她是把自己先放在英語思考的自然環境裡。例如，她青少年時打魔法牌的遊戲，由於大部分的牌都沒有辦法翻成中文，如果要玩這個遊戲，就必須用英語思考，加上組牌的線上社群，全

數位時代無論是閱讀、學習，都已經從過去的被動，演變成如今的互動方式。

部都用英語聊天，大家在聊天室都是隨意聊，沒有人會去檢視誰的英語文法對不對。

但很多人在學校學英語的經驗，是時態、拼字、複數型、過去完成式，每一個環節都要對，但事實上就算是母語使用者，沒有人說話時會理會文法。她過去到各國遊歷，與世界各地的人溝通時，也從來沒有人會去管 have been 與 has been 用法的差別，就算講錯，對方也完全聽得懂。

後來發現，原來花這麼多力氣在討論這個句型的對與錯，變成口語時，就會在腦裡不斷批改自己，當然就會影響口語流暢的程度，所以唐鳳說英語時從來不批改自己，文法講錯就錯。這也是唐鳳一再強調，數位時代無論是閱讀、學習，都已經從過去的被動，演變成如今的互動方式，就連書店的定義，也在改變中。

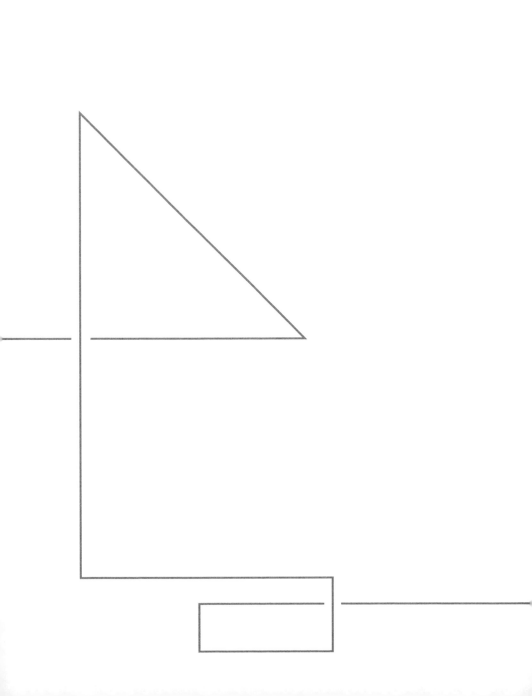

開啟空間思考：
真正的成功來自共創價值

真正的成功，來自共創價值的達成，如果大家還一直卡在人生是一條跑道，每個人都在比賽輸贏，未來才有競爭力的定型化想法時，結果就是贏家很少，輸家很多，大部分的人都在挫敗中過日子。

二○二○年四月，誠品董事長吳旻潔專程拜訪唐鳳，提出了一個問題：面對數位時代的閱讀，未來理想的書店應該長什麼樣子？具備什麼功能？

在這場對話裡，唐鳳明確指出，我們對書以及知識的理解應該要升級了。她舉例，現在年輕世代在學習上是互動的，而非過去單向從書本裡獲得知識。例如，他們在螢幕上閱讀時，如果碰到問題，就會另開視窗去查閱，查閱之後看不懂，就在網路社群上發出疑問，透過不斷互動，交換訊息來產生知識，即便是書的定義也在改變，例如「臉書」的「書」，意思也不再是傳統定義的書籍，而是高度互動性的社交物件。

閱讀的定義在改變中

就連唐鳳自己也不是用傳統方式去理解知識性的書。她說：「書對我而言，就是『書寫』的意思。」她通常會從線上下載電子書，看完一本書就會在下面寫書評，開始二次創作，與書進行對話。她博覽群書的方式是透過關鍵字連結所閱讀過的書，這也是她不看紙本書的原因。因為如果閱讀紙本書，看到關鍵字或重點時，她既沒空在書頁上做標籤，也記不得頁碼，但如果是電子書，很容易透過關鍵字搜尋記憶重點，也就可以快速累積知識。

既然閱讀早已發生變化，書店的角色也應該改變，所以唐鳳認為，未來的書店應該是「大家集體創作的地方」，一個讓大家有共同創作感覺的互動空間。換言之，當「書」變成動詞時，書店也應該扮演這樣的角色，讓愛好讀書的人，在這裡找到交流創作與經驗的空間，不再只是讓書一排排陳列在架上，等待有心人去發掘，或是單向閱讀。

　　不僅閱讀變成一種互動的方式，文字的意義也在改變中。在姜峯楠的科幻小說《妳一生的預言》裡，就翻轉了傳統對文字的意義，例如，外星人七腳族的文字，隨著字體方向改變就能帶來不同意思，文字不再只是線性的表達，而是充滿空間感，其實這種文字變化，也正發生在我們的世界裡。

　　傳統的文字書寫方式與文字本身的性質，從前言到後語也是線性關係，從而也導致了線性的閱讀行為。唐鳳指出，今天在網路上的文字，例如維基百科，文字已經從線性書寫，發展成網絡關係。例如，閱讀時，碰到關鍵字按下去，就可以連到其他網頁去看；換言之，在閱讀時，看了前言，不見得就是接到後語去，因為可能按了中間的關鍵文字，而連結到其他地方去。

　　文字與閱讀的變化也代表過去習以為常的線性思維，正在翻轉中。二十世紀第三次工業革命以後，人類進入線性經濟時代，線性經濟透過大規模開採、產品製造、使用、然後丟棄的生產消費模式，極力追求經濟成長，經濟成長帶來的結果，不僅快速消耗地球有限資

源，衝擊我們的生存環境，也衝擊在這個經濟模式下生活的消費者。

網路時代強調一起完成

　　二○二○年，榮獲第九十三屆奧斯卡金像獎「最佳導演」、「最佳影片」與「最佳女主角」的電影「游牧人生」，這部改編自美國記者潔西卡·布魯德（Jessica Bruder）所寫的《游牧人生》（Nomadland），就是描述這群在傳統線性經濟體系下工作多年的美國中產階級，中年以後碰到新世界巨變，從固定人生變成逐水草而居的游牧人生。

　　在這本書裡，作者跟隨美國一群「露營車打工族」的足跡，藉由與他們一起生活、聊天，闡述中產階級對線性經濟信仰的迷思與所導致的身心俱疲。二○○八年金融海嘯衝擊

社群時代，
真正的成功
是來自於
共同價值的達成。

美國中產階級，加上數位加速改變舊時代經濟體系，這群處於新舊交替時代震央的中產階級，從行政人員、大學教授、軟體工程師等等，面對停滯的薪水、不斷被刺激的消費欲望，累積愈來愈多的房貸與各種帳單，壓垮了這一群兢兢業業的人。

書中一位露營車打工族說：「以前的社會契約是，只要你遵守規則（用功念書，找到工作，認真打拚），一切都會順順當當。但在今天，這已經不是真理。」當生活與工作開始脫序，不再理所當然朝直線發展，他們成為中年游牧族，放棄固定的居所、固定薪水，把所有家當都放在野營車或是拖車上，一邊上路，一邊打工，展開中年以後的游牧生活。

作者在書的尾聲發出疑問：「未來幾年，社會秩序又會出現什麼樣的扭曲或突變？有多少人會被這套制度壓垮？又有多少人找得到逃脫的方法？」或許，桑德爾在《成功的反思》裡已經指出：「我們需要換個方式思考工作，從公民的角度想，一個人最重要的經濟角色不是消費者，而是生產者。因為我們是以生產者的身分發展和

發揮自己的能力，提供產品或服務滿足他人的需求，進而贏得社會尊嚴。我們做出的貢獻，其真正價值不能用薪資衡量。」

這也是唐鳳為什麼一直強調共創的價值很重要，網路時代，唐鳳開啟的是空間思考，無論是閱讀、學習或是工作，她都是把大家放在一個空間裡，一起去完成，相較於傳統線性教育下的職場關係，是上對下的命令，既限制了想像，也只能變成個人經驗，挫敗感也愈來愈加劇。但社群時代，她認為，真正的成功是來自於共同價值的達成。

教育應該是接納，不是比輸贏

如果大家還一直卡在人生是一條跑道，每個人都在比賽輸贏，未來才有競爭力的定型化想法時，結果就是贏家很少，輸家很多，大部分的人都在挫敗中過日子，所以，課發會的初衷就是在規劃課程時，不要有贏家與輸家的概念在其中，而是透過溝通，找出共好的價值，大家都

共好，每個人才會快樂。

　　唐鳳反對的是，把考試的成績當做競爭方式，這種教育一點意義都沒有。成績好的人，只不過在這條跑道上跑得比別人遠一點而已，那些一開始就在起跑點上轉身，很早就決定要跑向自己想去的方向的人，或是正在摸索的人，我們的教育應該接納這樣的人，而不是玩零和遊戲。

　　雖然唐鳳已經不再是課發會的委員，不再管教育這一塊，但是她希望將共好與共創的價值帶到工作上，在政策溝通上，她曾說：「並不是一個政策，符合某些條件的人就是可以溝通的好企業或是好公民團體，沒有符合的人就是壞企業或壞公民團體。」

Part 4

我這樣看未來——
共享現實與虛擬的多元宇宙

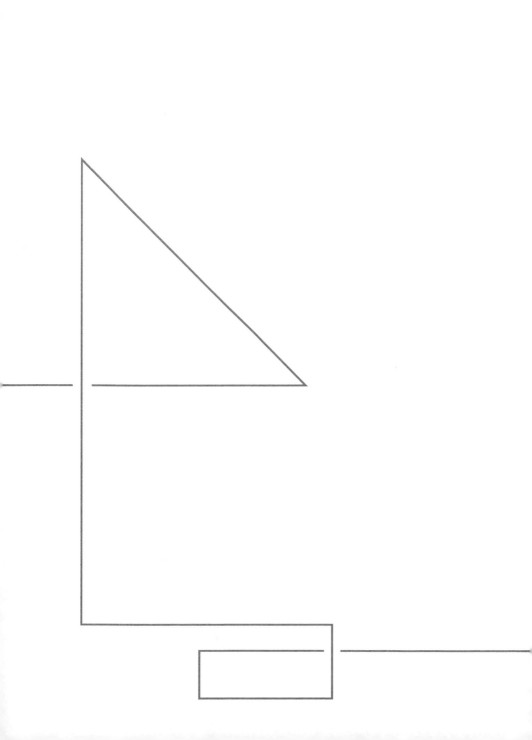

Chapter 12

未來世界並非朝虛擬化邁進，
而是共享現實與虛擬

如何將民主價值所強調的言論自由以及人權等問題，也
在網路環境中同等發生，已是人類未來的一大課題。

　　二○二二年四月二十八日，唐鳳代表台灣，與美國
及全球五十多個國家的部長在線上齊聚一堂，共同簽署
「未來網際網路宣言」（Declaration for the Future of the
Internet），除了致力推動網路與數位技術願景外，各國
合作夥伴更承諾推動真正開放、促進競爭、隱私與尊重
人權的網路。

　　為什麼要在全球疫情延燒的二○二二年四月簽署這
項宣言？不僅是因為疫情導致許多日常活動改由線上進
行，數位轉型已是必然趨勢，更重要的是，如何將民主
價值所強調的言論自由以及人權等問題，也在網路環境
中同等發生，已是人類未來的一大課題。

　　新銳歷史學家哈拉瑞在《21世紀的21堂課》一書中
明白表示，「數位獨裁」已成全球一大隱憂，指出當前全

球正處於兩大革命的交匯。其一是醫療領域的進步，其二是電腦科學家正在掌握人類前所未有的資料處理能力。二○二○年七月，哈拉瑞在與唐鳳進行線上對談時，即表示數位獨裁將使人類未來再也沒有「自由意志」這件事。

唐鳳說，數位獨裁當然是「未來網際網路宣言」所重視的其中一個概念。她指出，在網路世界裡，每個地方、每個社群，本來就有自己的規範，網際網路靠的也就是「norm」（規範），這種規範是大家自然養成的習慣，「未來網際網路宣言」宣示的方向，也不是一堆國家代表要來共管網際網路，而是大家一起虛心向網際網路以規範為主的共同治理方式來學習。也因此，網際網路本來建立的這種多方利害關係人共同治理的模式，不應該讓它變成碎片化，在網路的某些角落裡變成權力集中，產生沒有多方利害關係人的空間。

她進一步解釋，我們講數位集權，一般人想到的是實體世界裡的集權國家。但事實上，有一種集權的非國家勢力，在網路世界裡，它所掌握的權力，不容大家忽

視。舉例來說，對於像臉書這類網站，當 50% 以上的股權集中在同一個人手裡時，這個人就擁有完整的規則制定權。我們在線下的民主政體裡，有很多方法可以制衡這些力量，大家可以透過普通的民主參與、上訴、訴願等管道，或是找里長、立委去協調，但在網路世界裡卻不存在這些方式。換句話說，在民主政體裡，規範的建立與普及，是任何人都可以做的，不會只有特別有權力、金錢，或是握有特別多資料的人，才能發動對規範的改變。

雖然這些大型網站不是政體，但是由於決策權過分集中，操之在少數人手裡，因此使得網際網路裡產生各種各樣的集權型態，這也是為什麼「未來網際網路宣言」強調要用分散式的多元治理方式，反對網路集權。

數位世界也有人權與自由

所謂分散式多元治理方式，唐鳳表示：「要有設定自己和另外其他人互動規範的完整權力。」例如，今天某位

作者去採訪唐鳳，從決定訪談地點、記錄採訪逐字稿到公開逐字稿等方式，都是彼此可以設定和同意的規則，不需要先去祈求誰的同意，這種概念也應該在網路世界裡形成規範。

例如，現在談到元宇宙，大家對它的想像就是，所有人會聚合到一個或是兩個最大的元宇宙平台裡，在這個大平台裡，人與人之間的互動，哪一些是合宜的，哪一些是不合宜的，都是這個大平台的主人說了算，就算訪客自己覺得合宜，但是只要這個平台覺得不合宜，主人就有權可以將訪客請出去。

這就是為什麼唐鳳常將臉書形容成「夜總會」，因為在這個「夜總會」裡，一方面賣成癮性的飲料，一方面環境很吵雜，要進來還得付小費才聽得到。如果在這個「夜總會」裡，講錯兩句話，就算旁邊聽到的人覺得沒什麼，你還是會被保鑣請出去，而且在這裡到處烏煙障氣，人也看不太清楚，看到的都是對方壞的一面。

唐鳳的意思並不是反對夜總會或是娛樂業，而是如

果今天兩個人要做訪談討論，當然不會約在夜總會這樣的地方，而會約在適合訪談的空間。例如，最近幾年流行的 Podcast 就是很好的例子。Podcast 的優點是使用開放式的互通技術，無論你去上哪一個電台，那個台長就是你自己，不管要放在 Firstory 或是 SoundOn 都很容易，而且無論你放在哪一個平台，不表示你的閱聽者也必須配合你的平台來聽，而是可以用自己習慣的播放器聆聽。例如，他可以在 Google 平台上聆聽 Podcast，也可以在 KKBOX 上聆聽。

如果台長想要硬插入蓋板廣告或是其他東西，立刻就會失去使用者，因為使用者只要切換到別的播放器即可，這就是唐鳳認為，虛擬世界應該朝多元宇宙邁進，因為在這個環境下，你的平台與你的閱聽大眾要採取什麼技術，完全是由這兩個人來決定，這叫做「端對端原則」，這兩個端點決定合適的技術，而並不是中間的誰來決定那個技術。

問題是，很多國家沒有這種數位建設時，就只能去很像夜總會的私部門，只能在這種不適合討論的地方做

共同的討論，旁邊還會立刻有人就要競標你的注意力。這就是為什麼唐鳳認為，設定自己和另外其他人互動規範的完整權力很重要。

不過，並非所有的網路平台都像 Podcast 一樣，閱聽者可以任意搬遷到自己喜歡的播放器上，或是像電視台的選台器可以讓大家按上下鍵選台；因為在網際網路上並沒有比較好的區位概念，所以讓搬遷變得很不方便，只有一些技術障礙，像是臉書這邊設定的匯出去的技術障礙，這種技術障礙才是構成讓大家很容易搬進去，但是搬不出來的原因。這也是「未來網際網路宣言」要保護的人權，實體世界的遷徙自由，到了數位世界還是應該要求同等的遷徙自由。

唐鳳強調，這並非是要懲罰大平台，而是讓大家在網路平台上搬進、搬出都差不多容易。此外，目前並沒有很簡單的方法證明某些演算法的方式對心理健康有害，經常是害處到了某個程度，或是內部評估的論文曝光後，大家才發現這樣的演算法對心理健康有害。

在實體世界裡，我們已經有完善的管制方法。例如，我們在食品或是飲品上，發現裡面如果有致幻物質，從藥品管制到未成年人的保護，都有管制方式。但是現在全世界對於這種演算法所造成的病態沉迷，並沒有類似化學品的管制方法，例如成年人每天的用量應該在多少之內。現在的情況反而是，沒有一個產品有標示，但大家都在使用，若是產生不好或出現弊病，只能整個社會一起付出成本。

因此，唐鳳認為，培養對演算法的素養很重要。為什麼說是素養？因為它不像禁酒令，可以很明確規定超過幾毫克就禁止，只能用素養的方式培養大家正確使用的觀念。例如，我們在現實世界裡，對於自己的不動產可以處分，包括賣掉或捐贈；**同樣的道理，我們在網路世界的安排，與其他人互動的方式，這個主權也應該要回到社群，以及這個社群的規範及個人身上，而不是集中在少數大平台上。**

又或者像是跨站追蹤這件事，過去大家認為這是隱私的框架，不希望讓別人知道自己瀏覽的習慣，但現在

看來，不只是隱私的框架，比較像是自主權的框架；換言之，我願意跟誰分享、分享到什麼程度，包括分享使用權、擁有權或是分潤權等等，應該是每個人可以決定的。

如果我們今天在網站上建立了良好的規範，有了對演算法的基本素養，一旦有人規定大家不能有上架的自由，不能用 CC 授權，就會被大家抵制，因為網路上已經形成良好的常規了。需要提醒的是，我們要如何理解到這些不好的演算法模式，就要先從不要有沉迷的互動方法開始。例如，一直埋頭滑手機，沒辦法放下來。唐鳳表示，人的自覺往往是從有自覺的餘裕開始，但如果陷入拚命滑手機，看到什麼就按讚與分享，導致本來概念上都知道的事情被拋到腦後，而讓自己處於自制力不夠的狀態，就會造成對那些非善意的演算法病態的依賴。

她自己的自保方式就是隔著鍵盤，或是用觸控筆去接觸螢幕，取代手指直接接觸螢幕。當然，最好的方式就建立一些最基本的產業自律規範，就像上述提到的，在實體世界裡，有明確的規範哪些成癮物質必須控制在哪些範圍內，讓大家有所依循。

保持數位韌性，
是民主世界繼續有正當性的重要基礎

　　另一方面，唐鳳指出，無論是法律、金錢或資料，都有自然聚合、自然集中的性質。以資料而言，當過度集中時，而你又不是在這個資料集裡面的人，你的權利就會被剝奪；當集中到某個程度時，如果資料不認識你，在某些管轄領域裡，你就會寸步難行，連地鐵都上不去。

　　雖然到了這種連地鐵都上不去的情況，是在某些特殊情況下才使用的社會控制，但是未來很難講是否會變得更嚴重，所以「未來網際網路宣言」就是強調在這樣的情況下，所謂的人權，至少要達到和實體世界一樣的規範水準，不能比實體世界差。

　　在實體世界裡的法律，如果人身自由被限制，可以提審出來，讓法官判定，到底限制這個人的人身自由是否合法，這個被限制的人也可以行使權利，從緘默權到申訴，都必須被充分告知，這是最基本的人權保障。雖然法律有很強的集中性和強制力，但是經過這麼多年，

已經形成某種常規，大家知道至少要做到這些事，才不會讓那些沒有被法律考慮到的個體或群體，完全喪失救濟的可能性。

　　但是在資料治理這部分，目前還沒有類似的常規出現，所以「未來網際網路宣言」的其中一部分主張，就是至少網路的規範不能比在實體世界的法律還要差。唐鳳表示：「我們不能說自己是自由民主國家，但是只要一碰到資料就變成獨裁，這樣好像哪裡怪怪的，所以至少正當性要符合這個。」

　　進一步來講，網際網路之所以可以快速解決許多社會問題，正是因為透過各種各樣的連結，達到快速理解；如果過度集中在任何一個角落，網際網路最強的韌性部分就消失了。例如，最近一些地緣事件都讓大家看到數位韌性不可或缺。像是地緣事件的主角之一烏克蘭的數位轉型部長費多羅夫（Mykhailo Fedorov），在面對俄羅斯入侵烏克蘭之際，還能夠保持網路暢通，號召網軍在虛擬世界裡對抗俄羅斯，用網路視訊面向全球請求各方支援，正是因為他們花了數年時間強化網路韌性的結果。

　　或許以往大家不會這麼強烈覺得數位韌性與恢復力是切身之事,但經過最近的地緣政治事件,大家才開始發現,保持這個韌性才是民主世界繼續有正當性的重要基礎,而且不是只有在衝突的時候或是軟衝突之際使用,而是在面對各種各樣挑戰時,都必須要有韌性,也就是要有開放、可靠且安全的網際網路。

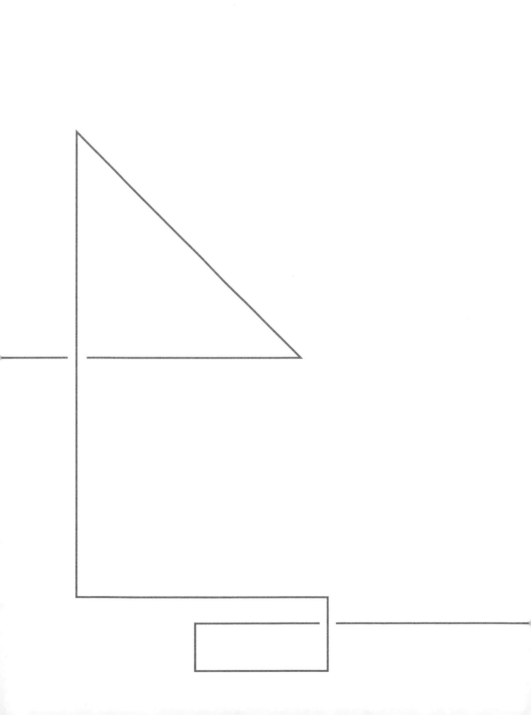

元宇宙
是我們的未來嗎？

唐鳳提出「多元宇宙」（Plurality）的概念，認為虛擬世界應該是多元社會的延伸，在這個虛擬空間裡，每個人都有自己的社會，自己可以設計自己想要的空間，自主權在於自己，而不是操之在少數大平台上。

二〇二一年十月，Facebook 執行長馬克 · 祖克伯（Mark Zuckerberg）在年度 Connect 大會上，宣布將 Facebook 正式更名為「Meta」。他更表示，從現在開始，將以元宇宙（Metaverse）優先，而不是 Facebook。

祖克伯拋出「元宇宙」的概念後，立刻在全球引爆話題。關於元宇宙這個名詞，最早來自於一九九二年美國科幻小說家尼爾 · 史蒂文森（Neal Stephenson）所寫的科幻小說《潰雪》（*Snow Crash*）。雖然，祖克伯口中的元宇宙虛擬空間，未來將是大家可以在這裡充分工作、社交及娛樂的網路世界，但是在這本小說裡所描繪的元宇宙，卻是充滿犯罪與歧視。

　　唐鳳指出，這本小說講的是現實太糟了，所以大家只好戴著遊戲的眼鏡逃到另外一個虛擬世界，雖然這個虛擬世界還是很糟糕，但是至少是比現實世界好一點的地方。

　　過去兩年，元宇宙在其他地方很紅，其中一個原因是，新冠疫情導致很多人被迫隔離在家中，在現實很糟的情況下，有個地方可以逃進去確實不錯。但是，對於生長在台灣的我們，並沒有強烈感覺到現實環境糟透了，也並沒有覺得一天二十四小時，應該要二十小時都逃到元宇宙去。因此，當很多人疑惑，元宇宙真的是我們人類世界的未來嗎？唐鳳才會提出「共創涵融」的多元宇宙想法。

多元宇宙的核心精神在於「共創涵融」

　　多元宇宙與元宇宙不同之處在於，大家對於元宇宙的想像就是由幾個大平台所主導，大家聚合到那邊，接受那些平台所給予的規範。但是，唐鳳提出的多元宇

宙，是多元社會的延伸，也就是在這個虛擬空間裡，每個人都有自己的社會，自己可以設計自己想要的空間，自主權在自己手裡。

它的核心價值是「涵融」，也就是共享現實、共享虛擬，無論線上或是線下活動，每個人都能保持自主，又能互相連結。就像唐鳳很強調 VR 會議及 VR 教育的應用，因為將 VR 變成人與人之間共享現實的事，才有它的意義，而不是每個人只戴上 VR 裝置，沉浸在個人看到的世界裡，卻不跟他人互動、共享視野和經驗。

多元宇宙的另一個精神是，每個人都擁有「共創」的自由，人與人之間的互動模式是彼此所共創而來，而非交給少數集權者。這就是為什麼當哈拉瑞與唐鳳對談時，哈拉瑞擔心比人類自覺程度還高的演算法出現時，人們會過度依賴這個演算法提供意見，到最後變成機器說了算。而唐鳳的回應是，如果本來是多元的，就像我們的人生導師可以有好幾個，每個都可以提供你所沒有的洞見，到最後你是因為這些多元意見而成長，所以重點還是在於多元性，而不是不能有一個比你更懂某些方面的

導師。「我們小時候，本來每個大人都比我們懂，但是你若相信某個大人，而這個大人又禁止你跟其他人交往，就會變成災難。」唐鳳解釋。

她表示，並不是出現一種新的正當性來源就會自動取代舊有的正當性來源，而是要放在同一個衡量的標準上來看。就像是一般大眾對比特幣的看法，大部分的人都將比特幣看成是投機的貨物，就是放著可能會增值，有點類似一六三七年，金融史上爆發的「荷蘭鬱金香狂熱」（Tulpenmanie）破滅事件。當時，一名荷蘭商人自土耳其進口鬱金香球莖，將它種在荷蘭，由於數量很少，奇貨可居，價格也愈來愈高，擁有鬱金香球莖等同於有錢人的象徵，導致愈來愈多投機者瘋狂投資栽培，最後卻在無預警下，忽然價格暴跌，成為歐洲近代三大泡沫事件之一。

唐鳳表示，擴大來說，大部分的人認為，加密貨幣會帶來中央銀行秩序的崩解，但其實透過分散式帳本的技術，達到一定程度互相協調行動的情況下，它比起各國的中央銀行，加密貨幣也可以讓大家很協同的行動，

也有這樣的能力。

換言之，比特幣的能力比起中央銀行，並沒有特別強，也不是具說服力的取代物，但如果換成是岌岌可危的政權，也就是每天通貨膨脹達百分之幾千，這時比特幣的公信力絕對就會強過該國的中央銀行。

唐鳳認為，如果某個地方的法幣公信力非常低，這時把貨幣虛擬化是有幫助的，因為至少表示明天幣值不會清零。

但在台灣，虛擬資產的支付功能是最弱的，比起投機或憑證功能，新台幣明天並不會清零，因為「明天中央銀行沒有要倒，所以不需要全部轉成虛擬貨幣或資產，」唐鳳說，這時我們反而要看到的是，讓我們跨境清算變容易這種連結共享現實的能力，也就是無論是中央銀行或是虛擬貨幣，兩邊都是公信力還不錯的法幣，而不是中央銀行快要倒塌了，所以趕快去用比特幣。

別被數位轉型綁架了

有一點很重要的是，唐鳳一再強調，人也要學習如何與機器相處，這個相處指的是，透過網際網路的技術去配合人際網路，彼此融合，才可以真正的去跟機器相處。絕對不是人類的各種重要價值，例如人權，去配合網路的技術，這樣反而是削足適履。人際規範如果和網際網路不能並存，變成很像反社會的人，最後，大家就變成機器的奴隸。

就像是這幾年許多公司都在談數位轉型，積極透過數位，改變公司組織，以符合數位時代的需要。但是大家對於數位轉型，還是存在許多迷思，在組織改造的過程中，產生不少困惑與衝突，唐鳳認為這個迷思來自於心態。

她表示，數位轉型要轉的是工作的流程與工作模式，而不是工作所使用的工具，更不是在本來實體工作流程裡，一味地推行無紙化或是電子化。

　　例如，如果在工作上本來就有一套做法，像是一定要看到彼此才能工作的方式，如果來到了網路上，明明網路上有別種做事方式，但是大家卻是用線上的工具來模擬線下工作的方法，「也就是將兩個世界最差的部分都合併在一起，」唐鳳說。

　　這是因為，一方面員工不可能放棄舊有的系統和作業習慣，畢竟還是有一些臨櫃的需求；另一方面新的數位工具也沒有真的解決了他們的問題，因為他們是用數位工具來模擬舊的工作流程，所以這時數位轉型就變得非常困難。於是，大家一方面要挪出時間學會這些新系統；但另一方面，這些新系統的誕生，卻又不能解決舊有的工作模式造成的負擔，這是最不幸的狀況。

　　唐鳳的建議是，在數位轉型上，大家要先去找出在過去工作流程上有哪些是重複而冗贅的工作，一定要將它自動化，讓這些「不假思索」的工作部分，交給機器去執行。但是另一方面，善用數位工具，開啟一些新的工作流程。例如，將大家的工作項目寫在數位看板上，像是「Miro」這個線上視覺圖解白板工具，就很適合遠

距工作，大家用來溝通工作，是非常方便的數位工具。

　　如果是實體的看板，同時能夠繞著這個實體看板討論的人就很有限，而且大家必須到辦公室參與，但如果改用線上數位看板，每個人不僅可以訂閱，自動收到通知，甚至是幾千人共用使同一個看板，也沒有任何問題。

　　無論同步或者是不同步，不管是實體或是線上，大家都可以在這個空間裡同時做出貢獻。唐鳳指出，這又可以分兩個層次。其一，從工具的層次來看，有非常多的科技工具可以使用，像是 Miro、大聲工作法、看板系統等等，這也是最簡單的層次。

　　另外一個層次是，提供練習。這是因為當一個人對數位工具還不熟悉，也不清楚它的意義之前，告訴他說你要打破舊有的方法，但是他只會那套方法，不知

擁有正確價值觀的智慧公民才是一切的根本，並善用數位科技，放大人類重要的價值。

道打破了自己原來習慣的方法之後，到底要去哪裡。所以透過這個數位練習，先給他一個基礎，否則就會像空中樓閣，一下子就垮下來了。

現在組織在數位轉型上的問題是，大家還是習慣用紙本思考，在線上去模擬回紙本的狀況。例如，在線上把幾千人分成十人一組，組長才有權限去使用這些數位工具或溝通方式，這樣就不是在轉型，只是用一些數位工具，但不是叫做數位轉型。

> ★ 所謂的數位轉型，應該是經由數位的工作流程，將原本一些紙本限制我們的地方，不管是限制時間、地點或是創造力，都可以透過數位方式，讓它更自由、更省時，並降低風險。

如果不是用這種方式來看待轉型，而只是引進數位工具，有時反而會讓新工具造成新風險，也讓新工具更浪費大家的時間。

另一個很重要的是，唐鳳認為現在大家琅琅上口的

數位名詞，從物聯網、VR、大數據、機器學習等等，幾乎都帶著預設立場，認為這些都是好工具，能夠讓生活與工作朝更智慧的方向發展邁進，卻忽略了智慧城市不代表擁有智慧居民，而擁有智慧的居民，也不見得就住在智慧城市中。

　　追根究柢，擁有正確價值觀的智慧公民才是一切的根本，因為智慧公民可以做出正確的判斷，並善用數位科技，放大人類重要的價值，而不是倚靠數位工具建構智慧城市，變成人類倒過來配合這些科技。

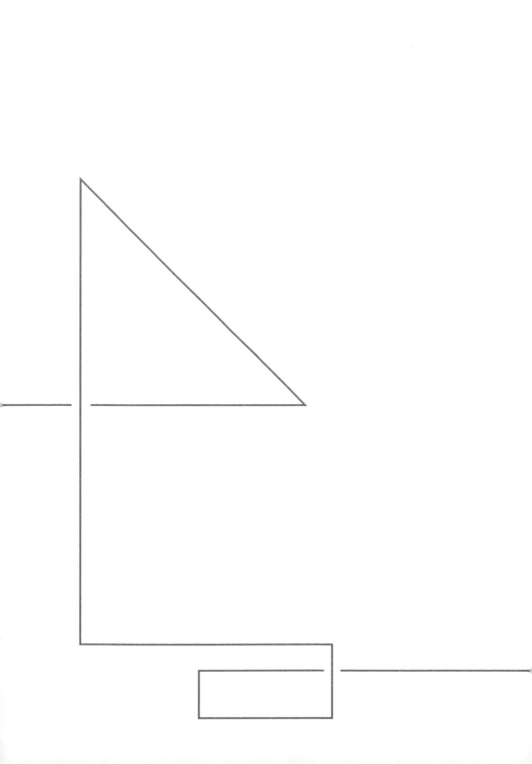

Chapter 14

未來工作，
單槓比斜槓更受歡迎

雖然斜槓已經成為當今職場常態，但唐鳳認為，以後單槓青年反而會成為特殊存在，受到大家敬重，因為未來能夠專心鑽研一個領域的人將愈來愈少，因為是少數，也會深受重視。

二〇〇七年，《紐約時報》專欄作家瑪希‧艾波赫（Marci Albonher）的著作《多重職業》（*One Person/ Multiple Careers: The Original Guide to the Slash Career*），採訪了數百名同時身兼數職的人，從漫畫家、紀錄片製作人、管理顧問等各種身分的人。艾波赫指出，這些人不滿足於只有一種職業，而是擁有多重職業身分，當他們自我介紹時，總是以斜槓的符號（slash）表示自己擁有多重頭銜與身分，並從多種職業獲得多元收入，這些人也被稱為「斜槓族」。

斜槓一詞，原本只是流行於創意職業與年輕人之中，後來逐漸成為全球職場的主流趨勢，至今不僅影響許多年輕人在追求工作與生活態度時的主張，就連資深

工作者也受到影響。在職場上為生活打拚多年後，許多資深工作者也開始重拾自己的興趣，並積極發展成副業，透過多重職業身分，豐富自己的生活。

永保源源不絕的好奇心

在一般人眼中，唐鳳也可以說是斜槓青年的代表。十四歲中輟後，唐鳳一方面自學，很早就開始進入職場，比一般人提早十年展開工作經歷。多年豐富的工作經驗，讓她擁有很多身分：既是數位委員，也是公民黑客，可以左手寫程式，右手寫詩，除了是政府官員之外，也在全球各地參加了七個 NGO 組織。

她說，或許在一般人眼中，她很斜槓，如果在名片上印出組織名稱，大概會有七、八個職銜。她從十四歲之後，因為對網路世界的人為何可以快速信任、快速仇恨感興趣，於是展開了長達多年的研究，但因為題目很大，又沒有學門可以參考，所以她除了自己寫程式，營造不同空間，看看大家在這個空間裡如何互動之外，也

參與許多別人營造的空間，這也是為什麼她加入許多國際 NGO 組織的原因。

事實上，雖然看起來很斜槓，但她其實是一個非常單槓的人。因為從十幾歲到現在，她的研究題目一直沒有改變，也未曾停過。她說，如果名片上不是列出職稱，而是印出名字與研究題目，那她從頭到尾都是單槓。

她所參加的七個 NGO 組織，分布在不同地方，有的在荷蘭，有的在紐約，有的在西班牙等等，每個地方都有她的社會網絡。這七個 NGO 組織頂多一季或半年開一次理事會，對她而言，不需要花費太多時間，但好處是，每個 NGO 都能帶來不同的人際網絡，彼此幫助及分享知識。如果想要討論一個題目，例如，疫情後世界會有怎樣的改變；或是像她長期研究某個題目，這七個組織都會從七種不同的角度，帶給她不同的觀點，還能帶她去接觸不同的地方。

也因此，唐鳳認為，雖然斜槓已經成為職場的常態，但隨著時間過去，大家也會愈來愈以探索的人生題

目來當做自己的定位，而不是工作職稱，因為大家對工作已經沒有從一而終的想法，也沒有退休金的期待，而是「我對什麼感興趣、我擁有什麼專業，這就是我對自己的定位，而不是依照公司給的定位。」從這個角度來說，以後單槓青年反而會成為特殊存在，受到大家敬重，因為未來能夠專心鑽研一個領域的人會很少，因為是少數，所以會深受重視。

　　那要如何培養自己的斜槓能力？首先，必須擁有持續的好奇心。唐鳳認為，好奇心的方向和實際學了什麼，或是掌握了什麼技能並不相干，我們對某個事物的好奇心，後面可能是上百種不同的技能或學門。所以，好奇心並不是只是對一個問題產生疑惑，求解答而已，最重要的是，不要讓好奇心被扼殺，才能持續去探索。

保留 20% 的時間，參與正職之外的社群

　　如今，每個人多少都會稍微斜槓，這主要是拜科技之賜，過去想要斜槓，必須要離開工作場合或家庭尋找

新機會與新人脈，但是現在很多人從網路上就可以找到
新人脈與新機會，這也是為什麼斜槓愈來愈成為常態的
原因。

唐鳳建議大家應該把斜槓當做一個狀態，就算你現在
正在做全職的工作，也應該為自己保留 20% 的時間，去連
結正職以外的外部社群，慢慢累積自己的兼職人脈、第二
專長。這個累積的用意，並不是非要為自己創造多元收
入，而是在正職之外，挪出時間去探索自己還有哪些感
興趣的事物。

另一方面，挪出 20% 的時間給自己，其實對原來的
工作也有一定的好處，因為現在無論做任何工作都強調
要能跨領域思考，斜槓所獲得的經驗，有時對本職也會
有意外的觸發與想像。例如，唐鳳加入西班牙的 NGO 組
織，因為在這個組織她可以接觸到歐盟、OECD（經濟合
作暨發展組織），而台灣不是這些組織的會員國，如果唐
鳳是以現在行政院數位發展部部長的角色，就無法參與
這些活動，但是如果她是以 NGO 的身分，就可以參加，
這即是箇中好處。

其次，如果有一天厭倦本職的工作，想要暫停，有些人會選擇出走，有些人則決定壯遊，但唐鳳認為在籠裡待久了，忽然打開大門，往往會有天地之大，該往何處去的茫然，就算去壯遊，回來後也不知道該如何下一步。這時，過去在正職之外所累積的社群人脈，「無論是留職停薪，或是辭職壯遊，很多社群都可以接住你，你會知道可以去哪裡，不會覺得好像忽然很茫然。」

此外，原本只留 20% 的時間給自己發展興趣與人脈，在離開正職之後，20% 的時間可能被放大成 60% 以上，甚至成為下一份新工作的契機，這時也會覺得自己工作的價值並沒有轉向，只是改變一個方向，仍能達成同樣的價值。

工作不是競爭關係，是夥伴關係

再擴大一點來說，職場上常提到競爭力，

我對什麼感興趣、我擁有什麼專業，這就是我對自己的定位，而不是依照公司給的定位。

也就是競爭關係，但是長江後浪推前浪，職場上永遠會有更年輕、更有能力的人取而代之，所以唐鳳一直以來都是抱著：「我的工作或主要能力是輔助性的，所以任何團隊不會因為我的加入就得把誰踢掉。」同樣地，在她的任何一個團隊裡，也不會因為別人進來，就得把她踢掉，因為彼此是互相輔助的存在。

擁有這樣能力的人，無論處在任何年紀，無論轉換任何跑道，隨著智慧的增長，對於整個團隊的協助都會更大，也能繼續創造價值。

20% 的非正職時間，還能帶來另一個好處，那就是正職之外交的朋友，若未來轉換成新的工作跑道，這些朋友就會變成同事，比較不會有適應問題，也不會有進入新工作時，必須面對一群陌生的新同事，重新建立關係。換言之，平常就保留 20% 的時間，為自己的下一步做好準備，將來無論在任何職涯轉換上，都有你熟悉的社群可以接住你。

此外，平日保留 20% 的時間給自己，所累積的第二

專長也可以成為工作上的議價籌碼,「假設老闆不放你走,你的議價空間就很大,」唐鳳表示,你可以向老闆爭取一個禮拜在家工作幾天,老闆很可能會答應,因為他知道你的議價空間很大,如果他不同意,你隨時都能找到下一份新工作。

至於,如何利用 20% 的業外時間找到第二專長?唐鳳的方式是,先去找一個自己很想知道的事情,做為研究主題,因為這個缺口,正是探索的入口。很多研究報告每隔一段時間都直指,由於科技不斷日新月異,未來許多重複性的工作可能會因為自動化而消失,唐鳳認為,未來可能沒有強迫的工作,也就是沒有非工作不可。

但是,很多人就算不是非工作不可,還是會去工作,因為可以在工作中獲得人際網絡、成就感與自我價值等等,也就是說,並不是工作消失了,而是對於

> 平常就保留 20% 的時間,為自己的下一步做好準備,將來無論在任何職涯轉換上,都有你熟悉的社群可以接住你。

工作的選擇權與自由度，因為科技工具的進步增加了更多的選擇。例如，遠距工作的興起，打破了非得到當地工作的限制，只要有一技之長，或是長期專注在某種領域探索，全球職場都是你的選擇。

　　也因此，把斜槓當做一個狀態，同時在其中深化自己最感興趣的單槓領域，慢慢累積出價值，在此時此刻，此種能力愈形重要。

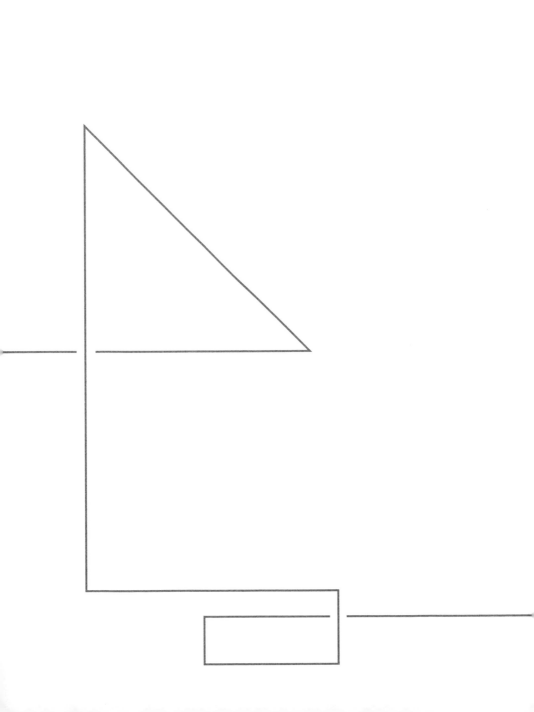

盡快了解自己的心靈，
否則演算法將會幫你決定

網海無涯，知識雖然唾手可得，但唐鳳所建構的知識體系，讓她在面對日益複雜的世界時，因為很早就有了自己的定錨方式，不會被外界紛亂所左右，並能朝自己想要的方式前進。

　　著名科幻小說家姜峯楠有一篇短篇小說《焦慮是因為自由令人眼花撩亂》，描述在未來的世界，人們已經可以和量子力學所說的平行宇宙開始溝通，只要透過一台「平行宇宙通訊機」，就能跟另一個世界裡的自己對話。於是，坊間因此成立了「自言自語公司」，大家來到這裡，進入小包廂，打開平行宇宙通訊機，就可以透過文字、語音或是視訊，找到另外一個世界的自己，開始敞開心胸，和另一個自己對話。

　　有趣的是，人們之所以想和另一個世界的自己對話，主要都是想了解自己在過去人生所做的決定是否正確？如果做的是錯誤的選擇怎麼辦？例如，如果當年選擇嫁給 A 君，現在的人生是不是過得更好？還是更差？

所以他們想透過機器去問另外一個平行世界選擇嫁給 A 君的自己，現在是否過得快樂。

又或者，當初自己跳槽到新公司，雖然薪資變高，但是時間長了，發現工作乏味，於是開始好奇，如果當年沒有跳槽，繼續待在原公司，後來會發展得更好，還是不好？於是又透過機器去看還待在原公司的自己，結果那個自己，竟然升職了。

作者姜峯楠想探討的是，如果真的有量子力學裡說的平行宇宙這件事，我們此刻做的決定是否就變得毫無意義，因為無論怎樣決定，都有另外一個平行宇宙的你做出和你不一樣的決定。他的結論是：「就算真的有平行宇宙，我還是深信我們的決定不會變得毫無意義。」換句話說，就算無數個不同的平行宇宙的自己，做出了不同的決定，但此刻我們所選擇的決定依舊有意義，因為它顯示了我們的人格。

所以他說：「如果你有機會看到不同平行宇宙的馬丁路德，我認為你不太可能會看到不敢違抗教會的馬丁路

德，而那就足以顯示他是什麼樣的人。」

不用外在的尺度衡量自己

唐鳳因為小時候被霸凌，逐漸走上自學之路，國中正式輟學後，她開始一路建構自己的思想體系，成就了今天的唐鳳，形塑她在面對世界時的態度，強調用快速、公平、有趣的做事方式，讓大家都能共創、共好。

如果另一個平行宇宙的唐鳳，小時候沒有被霸凌，一路念書順遂，繼續在學校當資優生，發展是否會不一樣？結論可能是，她在踏入國中後，還是會選擇自學這條路。因為她很早就透過大量廣泛地閱讀和細膩的觀察、開放的心態，積極地參與線上線下的社群，去了解自己的心靈，很早就不再用外在的尺度去衡量自己的方向，所以她才會說：「就是因為沒有第一名、第二名的壓力，我才可以找到自己的方向，如果有第一名、第二名，打分數一定不是我，我就是走別人的方向，正因為沒有這個，所以才可以有現在的我。」

　　因為了解自己的心靈，她在思索未來時，從來都不會被不斷推陳出新的科技名詞所迷惑，不會被別人給的定義牽著走，像是元宇宙、NFT、機器學習、AI、比特幣等，我們一般人看到的可能是新的商業機會、新的投資方式、新的取代人類的方式，她思索的永遠是以她所建構的尺度去衡量這一切，不會被外在表象迷惑，所以能夠直指問題的核心。

　　所有的核心都直指一個方向，就是唐鳳一直以來強調的共創、共好，因為她認為只有這個方式，人類社會才能繼續永續。特別的是，她所謂的共創，強調的是：「我的創造是為了讓你後續的創造變得更容易，而不是我的創造很完美地剝奪你的創造。」所以她才說：「我成年以後就沒有做任何事是把別人比下去，所以那個智商160，不是要把別人比下去用的。」

　　共創、共好不只存在她的工作態度上，她一直鼓勵大家集思廣益去達成共識，用築塔的方式，共同成就一件事，至於科技工具，只是用來輔助工作流程，讓事情更快速方便，絕對不是因為科技工具的誕生，要人類的

價值去符合機器的技術設定。

開放自己的作品成為創作的素材

　　共創、共好也反映在她對創作的態度上。她非常鼓勵大家用她所說過的話去做「二次創作」，不必徵求她的授權。例如，之前有一家飲料公司，想要在公司出產的飲料包裝盒上放上一些名言金句，於是找到一本和唐鳳相關的書，裡面有一句唐鳳說過的話，想請唐鳳授權。

　　唐鳳告訴這家公司：「你要不要仔細看一下 SayIt 網站，上面有寫『拋棄所有的著作財產權（包含人格權）』，所以你根本不需要問我授權費，都已經分享出去了。」對方又問：「是不是至少給我一個簽名？」唐鳳回答：「你看我的 Flickr，我上面中文、英文的簽名，因為當時都已經上載上去了，也拋棄著作權了。」意思是，對方不需要問她，自己拿去就可以了。

　　唐鳳的想法是，就是因為她不需要審閱，才會有各種

各樣超出她本來想像力的創作出現，這個情況之下，就不只是引用她的話，而是她的話變成了創作的素材，而變成素材對唐鳳來說，才有意義。

「不然因為著作權法，只要你還活著或是死後不到七十幾年，只能你用，沒有辦法二次創作；但是對我來講，大幅縮短這個時間，就很像我們創作一發表，我就死了七十幾年一樣，隨便大家去用。」

為什麼她很鼓勵大家進行二次創作？她說，很可能是因為自己創作時很開心，也想讓別人開心，不要因為付不起授權費而不開心。也就是，既然開心是她創作的動機，她不想為了獲得肯定或是收授權費而創作。

此外，透過她所分享出去的東西，不管是知識、智慧或是大家共同創造的創用 CC（創作的公有地的公共財），這些特色就是愈多人加入，就會愈有價值。從生產端來看，如果她要把其他人踢掉，只讓某些人來拿，還得花額外的力氣，所以她不把任何人踢掉，發布它才是最省力的方式。

　　而從取用端來看也是一樣，無論任何人來取用她的素材，即使每個人都拿了一份副本，其他人也不會因此變少；相反地，因為拿了這份副本的人可以以此為基礎，跟其他同樣拿了副本的人一起討論，反而學到更多，唐鳳認為知識的特性正是如此。

★ 透過無價的傳遞，不藏私，認為共創、共好才能永續，這也是人類在面對未來時很重要的態度，因為人與人之間的連結性，是機器目前仍舊無法取代的地方。

「給予」比「擁有」更有價值

　　另一方面，唐鳳指出，以前大部分價值的建構，是建立在一個人的社會地位高低或是經濟狀況，所謂的地位財，很多都是建立在這種不必要、奢侈的旅行和消費上，現在基本上是不可能的，如果是真的太過奢侈的消費，像在社群媒體上，基本上也不會贏得太多讚美，而且對很會 P 圖的人，偽裝成環遊世界也不困難，所以這些舊有的價值定位，可以展示的部分，現在幾乎都沒有。

　　如今，我們這個時代的價值取向正在改變，變成從給予出發。例如，很多新世代對自我價值的建構，對於氣候變遷這類議題，反而是從投入了多少、如何成功地想出新循環經濟的方法，去建構自己的價值，也就是從給予多少，而不是擁有多少的方式去思考。

　　唐鳳相信的也是從給予出發，才能獲得更多。她雖然是大家眼中的天才，但她也是一個平凡人，看似學習任何事物很快就能得心應手，甚至出類拔萃，其實背後也是經歷了很多練習。

　　如今網海無涯，知識雖然唾手可得，無論成人或青少年都需要找對求知方向。唐鳳建構自己知識體系的方式，讓她在面對日益複雜的世界時，因為很早就有了自己的定錨方式，不會被外界紛亂的聲音所左右，並能朝自己想要的方式前進。

　　哈拉瑞曾說：「在演算法得以為我們做出所有決定之前，人類最好盡快了解自己的心靈。」關於唐鳳，有很多傳奇，這些傳奇的背後其實有很多落地的方法，值得大

家參考。尤其在網路時代，透過她所提供的方法重新思考我們現在的處境、未來的去向，無論工作、生活、甚至世代溝通，都會發現收穫無窮。

尤其，疫情促成科技不斷推陳出新，為工作與生活帶來海嘯般的變化，傳統線性思考的教育與工作模式已無法因應新世界。從小就自學的唐鳳，很早就做好面對未來的準備，無論是她的思考、閱讀、工作模式、看待世界的方式，早已揚棄線性思考，改以空間思考的方式，像一個未來客，從未來回到現在，用透明公開的方式分享給大家。

這是一本以唐鳳個人學習歷程及生活經驗出發，提供大家重新思考工作、學習與行動的啟發之書，無論是職場工作、知識學習方法，甚至親子溝通的方式，相信都可以在這本書裡獲得破框的啟發。

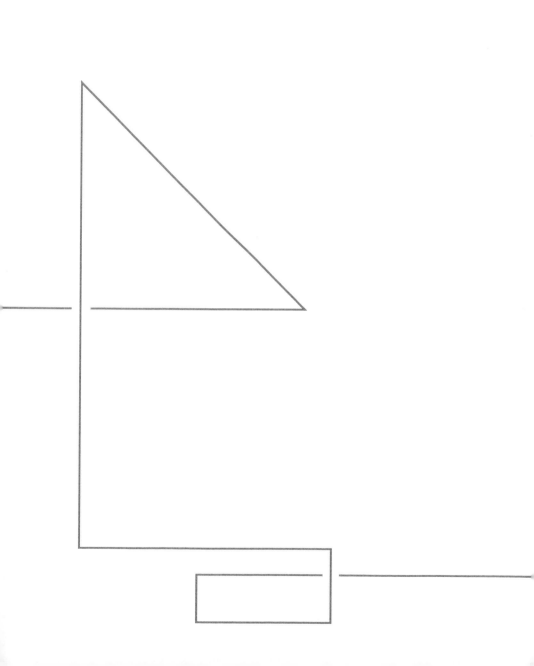

後記

唐鳳的快問快答

　　唐鳳思考的速度極快，很多時候回答得又快又簡短，但卻處處耐人尋味，希望這篇快問快答能撿拾訪談中閃閃發光的話語，以補書中的遺珠之憾。

Q：如果你可以看到未來，你會想改變它嗎？

　　沒有，讓它更均勻擴散，就這樣而已。

Q：我們這一代，很多事情都可以交給機器去做，所以人類的未來該怎麼思考？

　　歡迎看科幻小說。

Q：這麼多的科幻小說，你比較傾向人的未來應該是什麼的狀態？

　　當然是為了後代創造盡可能更多的可能性，就是這樣。

Q：小說帶給你很多的想像力是嗎？

　　我看的是英文小說，看到裡面的詩歌也會自己翻譯，所以跟作者對話的空間很大。

Q：你曾說過，你創業四、五次之後，才比較知道怎麼創業，你對創業者有什麼建議？

　　有，盡量把客戶當成你的夥伴，就是這樣，我後來學到的就是這個。

　　簡單來講，以前是你的想法，類似你的專利，只有你可以這樣做，你試著找到市場裡某個部分特別適用的，但現在不是這樣子。現在可能你的想法只是拋磚引玉的開始，有了這個開始，其他人就算是批評你、否定你，你可以邀他進來，大家一起想出更好的點子來。就是在以前客戶只能透過你的產品來認識你，但現在他認識你的方式可以是非常多樣的。而且透過你的產品，他認識你，知道你想要做什麼之後，他認同的可能不是這個特定的產品，而是你想要做的那件事和價值。

　　這個價值他如果認同的話，就會幫你想是否有更好

的產品或是服務可以一起做到這件事,像群眾募資、群眾外包等方式。這些方式之所以現在這麼蓬勃,就是因為大家認識的是一起做到某件事的價值,而不是特定的產品。

Q:這又回到共創,你可以跟客戶一起創造出更多的價值?

　　對,你要很明確地把你的價值告訴客戶,這個客戶也要有能力去 remix,不但了解你的產品或服務怎麼運作,而且有能力去改動它,把它做得更好,而且不會被你告。另外,當他做出更好的建議時,用很簡單、快速的方法讓你知道,有了這三個,就會有共創的生態圈出現。

Q:所以一開始創業時,自己的想法必須要完全透明?

　　至少 mission 要完全透明。

Q:你會鼓勵大家創業嗎?

　　就是要有一個使命。

Q：如果有一個使命，再加上 idea，就可以創業了嗎？

　　對，就算這個 idea 後來發現不怎麼樣，但是你也認識擁有很多類似使命的朋友。

Q：所以如果創業失敗，會是因為這個 idea，我緊緊抓住、不肯分享、透露嗎？

　　人家就算認同你的價值，也不知道你的價值，因為你不肯講。

Q：但這個 idea 夠好，也有可能會成功，但成功之後，也會變得更危險，因為你還是緊緊擁抱？

　　應該是說市場或環境不斷在變化，所以任何一個最好的 idea，如果沒有跟著市場、環境變化，過沒幾年就不再 fit，所以當然一開始好的想法很重要，但是更重要的是可以與時俱進。

Q：所以，把想法開放出去之後，各方的想法、客戶的想
　法會一直不斷進來？

　　當然如果你的團隊很有想法，可以只靠你的內部團
隊，但是如果跟外部沒有很好的共創生態圈的話，到最
後很有可能就是做出一些所有參加的人都很棒，但是其
實客戶已經跑去注意別的，但你還不知道的狀況。

Q：你如何定義價值這件事？

　　我們現在覺得值得做，到未來大家還覺得這個也值
得做，這就是共同的價值。

Q：你在其他媒體受訪裡有提到「Full-width space」，這
　什麼？是指看事情的方式嗎？

　　「Full-width space」就是「全形空白」。當然我之前
講過，我腦裡沒有很像一半的人跟我很類似，一半的人
跟我不類似的感覺，我也沒有很像一半的政黨跟我是比
較近，而一半的政黨跟我比較遠，也沒有這種感覺。所

以也許我在講「全形」的時候是相對著半形來想的，不會變成很像在心理有很多二分的東西，每個二分又會把自己再窄化一點，而是盡可能地選每邊站，也就是完整的寬度。

Q：所以其實也是用空白的心態？

對。

Q：你學習的過程中有沒有以什麼做為成功的目標？

像我現在的工作是政治的工作，也就是各方的價值，愈能夠整合到大家雖不滿意、但是可以接受，也就是價值融合的愈好，就愈成功。所以對我來說，也有個很明確的成功判準，例如，各個縣市首長都說六十五歲以下就可以開始使用線上預約，當達到這一刻，我當然就覺得成功了。

但這並不是我自己訂的標準，而是很客觀、社會上不同的地方、不同的數位熟悉度，一定有不同的偏好，當這些偏好真的能夠融合到一個程度時，在政治客觀上

會說是成功，我自己並沒有在這裡面覺得應該要八十五歲或是五十歲，或是什麼時候切換用我們的系統，我覺得當大家都覺得還不錯，就是成功了。

Q：你說，我們要把小孩當成大人一樣的對待，但是有些小孩也不見得因此養成了大人的行為模式，怎麼辦？

有些大人也不見得對。（笑）

Q：不是每個小孩都像你當年很有自己的目標，知道自己要做什麼，如果今天小孩告訴父母不想去學校，就是單純拒絕去上學，這時該怎麼辦？

如果有個朋友跟你說：「我不想上班了。」你說不定會告訴你的朋友說：「休息一下，可能沒有這麼糟。」或是「要不要出來一起看個電影？」就是請他先休息一下、放鬆一下，這是給朋友的方法，所以跟小孩也可以一樣這樣回應。但你同時也跟他講：「假單自己寫，你自己的事，不要叫我寫。」

Q：大家對於退休有很多傳統的擔心和想法，你如何看待？

　　就是可以多想一想，在現在還可以認真思考的時候，有沒有一些不那麼花錢、但又可以是好的安排。很花錢的原因是沒有一個好的人際網絡支持你，如果完全都沒有，等於一個人是原子式的，其他人都不認識你，當然你只能用錢去換到這些服務，但如果是一群彼此認識支持的網絡，裡面的人根本不是因為錢，才支持你。

Q：來找你討論、採訪和寫書的人很多，你如何看待這個現象？

　　表示我的經驗和大部分其他想要讀這本書的人的經驗，還是有一些重疊的地方，不然不可能看得懂，也不可能想要看。所以也許我的這些經驗，也扣合到大家生活中習焉不察的一些經驗，可能看這些書可以提醒自己更重視那些沒有打斷別人片刻，或是認真傾聽那些片刻等等。

財經企管 BCB780

唐鳳的破框思考力
關於工作、學習與行動的方法

口述 ── 唐鳳
採訪撰文 ── 楊倩蓉

總編輯 ── 吳佩穎
責任編輯 ── 黃安妮
封面與內頁設計 ── 木木 lin
封面攝影 ── 江凱維 Kaii Chiang

出版者 ── 遠見天下文化出版股份有限公司
創辦人 ── 高希均、王力行
遠見 • 天下文化 事業群董事長 ── 高希均
事業群發行人／CEO ── 王力行
天下文化社長 ── 林天來
天下文化總經理 ── 林芳燕
國際事務開發部兼版權中心總監 ── 潘欣
法律顧問 ── 理律法律事務所陳長文律師
著作權顧問 ── 魏啟翔律師
社址 ── 台北市 104 松江路 93 巷 1 號
讀者服務專線 ──（02）2662-0012 | 傳真 ──（02）2662-0007；2662-0009
電子郵件信箱 ── cwpc@cwgv.com.tw
直接郵撥帳號 ── 1326703-6 號　遠見天下文化出版股份有限公司
製版廠 ── 中原造像股份有限公司
印刷廠 ── 中原造像股份有限公司
裝訂廠 ── 中原造像股份有限公司
登記證 ── 局版台業字第 2517 號
總經銷 ── 大和書報圖書股份有限公司 | 電話 ──（02）8990-2588
出版日期 ── 2022 年 9 月 30 日第一版第 1 次印行
　　　　　　2022 年 11 月 17 日第一版第 4 次印行

定價 ── NT 420 元
ISBN ── 978-986-525-833-7
EISBN ──9789865258320（EPUB）；9789865258313（PDF）
書號 ── BCB780

天下文化官網 ── bookzone.cwgv.com.tw

國家圖書館出版品預行編目（CIP）資料

唐鳳的破框思考力／唐鳳口述；楊倩蓉採訪撰文.
-- 第一版 . -- 臺北市：遠見天下文化出版股份有
限公司, 2022.09
　　面；　　公分 . --（財經企管；BCB780）
ISBN 978-986-525-833-7（平裝）

1. CST：臺灣傳記

783.3886　　　　　　　　　　　111014705

天下文化
BELIEVE IN READING